JN097299

弁護士による

ネットいじめ対応マニュアル

学校トラブルを中心に

細川 潔

和泉貴士

田中健太郎 著

目次

6章 ネットいじめ対策の実践(自死事案)

執筆者紹介

細川 潔
ほそかわ・きよし

2章／4章／5章／6章

弁護士。2008年弁護士登録・東京弁護士会。中央大学非常勤講師・自死遺族支援弁護団・自死遺族権利保護研究会・学校事件・事故被害者全国弁護団・NPO法人学校安全全国ネットワーク（副代表）。

和泉 貴士
いずみ・たかし

1章／4章／5章／6章

弁護士。2009年弁護士登録・東京弁護士会。自死遺族支援弁護団（取りまとめ）・自死遺族権利保護研究会・東京都自殺総合対策東京会議委員（2012年）。いじめ事件の第三者委員会委員（遺族推薦）や損害賠償請求訴訟における遺族側代理人を複数担当。

田中 健太郎
たなか・けんたろう

3章／4章／5章／6章

弁護士。2015年弁護士登録・第二東京弁護士会。2012年上智大学法学部卒、2014年慶應義塾大学法科大学院卒。法とコンピューター学会会員。

1章

はじめに

第1 │ この本の目的

1 ネットいじめ事件の実効性ある対策を紹介する

　この本は、インターネット事件を専門とする田中弁護士と、子どものいじめ自死事件等を専門とする細川、和泉弁護士が出会い、一緒に事件を担当する過程で生まれました。

　従来、この二つの分野は全く異なる分野として認識されていました。いじめの分野を専門とする弁護士は、関係生徒への聴取やアンケートなど学校や教育委員会に対応を促す技術、訴訟の蓄積は豊富であっても、発信者情報開示などインターネット関係の法的処理についてまで技術的蓄積を持っているとは限りません。他方で、インターネットの分野を専門とする弁護士は、インターネット関係の法的処理の経験は豊富であっても、学校や教育委員会との交渉について技術的蓄積を持っているとは限りませんでした。

　しかし、スマートフォンが普及し誰もが手軽にSNSを利用することができるようになった今、いじめは生徒が直接接触する学校においてのみ発生するものではなくなりつつあります。そして、学校側も校外で行われるネット上でのいじめについて、すべての情報を把握することは困難です（加害児童と被害児童が同一学校の生徒である等、「一定の人間関係」があれば学校はいじめについて調査義務を負いますが、学校の調査はあくまで任意が前提ですから調査能力には限界があります）。ネットいじめ事件では、従来型の学校や教育委員会の対応を促すだけではなく、裁判手続等を併用して積極的に情報・証拠を収集することが求められます。

　著者らは、事件を担当していく中で、いじめとインターネットという両分野の知識を十分に持ち、両分野を横断する視野を持ちながら有効な手段の組み合わせを選択できることが、ネットいじめの対応において最も重要なのではないかという認識を持つに至りました。いじめ、インターネット、それぞれの分野で蓄積されてきた技術をいわば「車の両輪」として活用し、ネットいじめという未開拓の領域で実効性ある対策を確立する。それがこの本の目的です。

2 この本が想定している読者

　この本は、いじめ被害を受けている生徒の保護者や、保護者から相談を受けたネットいじめ事件処理の経験が少ない弁護士を読者として想定しています。

　また、執筆のために調査を行ったところ、学校に寄せられたネットいじめ事件の相談への対応は、学校教員が行っていることが少なくないことが判明しました。例えば、掲示板への投稿がなされた場合、被害生徒の担任が教育委員会等から技術的指導を受けながら削除依頼の投稿を行うことがあるようですが、ここでの対応は3章で説明するような裁判手続を使った証拠収集への準備という部分にまでは手が回っていないように思われます。

　ネットいじめ事件では、特に証拠収集段階において、「教育現場での対応」と、発信者情報開示請求などの「裁判手続を使った証拠収集」の組み合わせが非常に重要であるということは理解しておく必要があります。この二つの手法の組み合わせパターンを習得することでネットいじめ事件への対応能力が格段に高まることを法律家も教育関係者の方々もぜひ知っていただき、二つの手法を俯瞰する視点を持ちながらネットいじめへの対応策を検討していただきたいと思います。

3 本書の構成
(1) 証拠収集 (2章・3章)

　ネットいじめ事件では、まず、いじめの証拠をきちんと集めることが重要です。2章では学校や教育委員会を通じて証拠収集を行うために必要となる法律知識を、3章では裁判手続を使って証拠を収集するために必要な法律知識を説明しています。

(2) 責任追及 (4章)

　そして、4章では、先に2章、3章で述べた手法を使って収集した証拠を根拠に、誰にどのような責任追及が可能かを論じています。

(3) ネットいじめ対策の実践 (5章・6章)

　さらには、5章、6章では、「ネットいじめの実践」と題して、具体的な事案

をもとに、対応方法を検討していきます。

　投稿削除、謝罪や再発防止、学校や加害児童への責任追及など、実際に弁護士に相談に来られる方の具体的なニーズごとに対応策を検討しています。現在ネットいじめ被害に遭われている当事者やその保護者、相談を受けている方はこれらの章から読み始め、詳細を知りたいときは2章や3章に戻るという読み方も実践的かもしれません。

第2 ネットいじめの実際

1 ネットいじめの統計

　文部科学省の「児童生徒の問題行動・不登校等生徒指導上の諸課題に関する調査結果について（平成30年度、令和元年度）」によると、いじめの態様のうちパソコンや携帯電話等を使ったいじめの総数は平成29年度は12,632件、令和元年度は17,924件ですから、約4割増加した計算となります。さらに過去のデータと比較しても、ネットいじめ事件の件数が増加傾向にあることは明らかです。

パソコンや携帯電話等を使ったいじめ

	小学校		中学校		高等学校		特別支援学校		計	
	件数 （件）	構成比 （%）	件数 （件）	構成比 （%）	件数 （件）	構成比 （%）	件数 （件）	構成比 （%）	件数 （件）	構成比 （%）
29年度	3,455	1.1	6,411	8.0	2,587	17.5	179	8.8	12,632	3.0
30年度	4,606	1.1	8,128	8.3	3,387	19.1	213	8.0	16,334	3.0
元年度	5,608	1.2	8,629	8.1	3,437	18.7	250	8.1	17,924	2.9

（注）複数回答可とする。構成比は、各区分における認知件数に対する割合。

2 子どもがよく利用するアプリ

YouTube（ユーチューブ）

　2007年に日本語版のサービスが開始された動画共有サービスです。自分で撮影した動画を投稿することができ、投稿した動画の広告収入で生活するユーチューバーという職業も生まれました。誰でも閲覧でき、コメント欄が公開されていれば、原則閲覧者はコメントを書き込むことができます。いじめをしている様子を携帯カメラで撮影して投稿したり、投稿された動画に悪意のあるコメントを書き込む等、いじめの手段として用いられることがあります。

Twitter（ツイッター）

　2008年に日本語版の運用を開始した、短文投稿のSNSアプリです。「ツイート」（つぶやき）と呼ばれる全角140文字以内のメッセージや画像、動画、URLを投稿することができます。気軽に投稿できるため、根強い人気があります。ツイートは不特定多数に公開されるため、情報の拡散力が非常に強いアプリといえます。複数のアカウント（ネット上のサービスを利用する際に必要となるIDのこと）を一つのスマートフォンで使い分けることもあり、メインで使用する「本アカ（垢）」と、不適切なことを書き込むために利用する「裏アカ（垢）」等を併用しているケースも少なくありません。

　また、DM（ダイレクトメッセージ）機能を利用してメッセージを非公開の形で送ることもできるため、誹謗中傷のメッセージを複数アカウントから繰り返し送信する等、いじめの手段として用いられることもあります。

LINE（ライン）

　2011年にサービスを開始したSNSアプリで、現在は子どものみならず幅広い世代に利用されています。友達登録した友人とメッセージのやり取りができます。クラス内の友人や部活動の部員などでグループを作って使われることが多く、Twitterなどに比べると拡散力は低いといえます。半面、特定の子どもをグループから外す「グループ外し」などがいじめの手段として用

いられることがあります。また、最近はステータスメッセージやタイムラインへの書き込みを利用するなどいじめの手段もよりわかりにくくなっています。グループ内での会話を第三者が閲覧することができないため、グループ内でのいじめの発見が難しい点も特徴です。

Instagram（インスタグラム）

　2014年に日本語版のサービスを開始した、写真共有アプリです。文字ではなく写真を共有する手軽さから、若年層を中心に日本でも普及しました。Instagramに投稿する写真として適した見栄えの良さを意味する「インスタ映え」という言葉が流行しました。投稿した写真はアプリをインストールした全員に公開するか、友人に限定して公開するかを選択することができます。投稿した写真に対する悪意のあるコメントや、第三者によって本人が秘匿したい写真が公開されてしまう等のいじめの手段として用いられることがあります。

　アカウントを複数作成できるので、Twitterと同様第三者が本人になりすまし投稿する被害が報告されています。また、24時間で投稿が消滅するストーリー機能も人気が高いですが、誹謗中傷の投稿を行う等いじめの手段として用いられることがあります。

TikTok（ティックトック）

　中華人民共和国のByteDance社が開発運営しているモバイル向けショートビデオプラットフォームで、2017年から国際版のサービスが開始されています。

　BGMをリストから選択し、撮影した動画にBGMを組み合わせて編集することで、オリジナルの動画が作成できます（撮影時間は最大60秒）。作成した動画はウェブサイト上に公開することができます。

　実際にいじめ行為を行っている動画を投稿したり、本人が秘匿しておきたい内容の動画を第三者が本人の承諾を得ずに投稿する等のいじめの手段として用いられることがあります。

質問箱

　質問箱（Peing）は、専用の質問箱のURLを発行し、匿名で質問を募集できるサービスです。2017年に日本でサービスが開始され、アプリが不要でブラウザからアクセスできることや、Twitterと連携させることで誰でもすぐに利用できる手軽さ、芸能人やインフルエンサーが利用していることから若年層を中心に利用者が増加しています。匿名で質問を送ることができる一方、他のユーザーが質問した内容は一覧で見ることが可能です。

　匿名で悪意のある質問を連続して投稿する、「質問箱を荒らす」行為が問題となっており、いじめに該当するケースも少なくありません。

オンラインゲーム（チャット機能）

　オンラインゲームの中には、Nintendo Switch™（任天堂スイッチ）やPlayStation®（プレイステーション）、スマートフォンなど複数のゲーム端末からログイン可能なものがあります。

　学校で約束してネットで集合してプレイするといった使用方法が主流ですが、ときには友達の間でゲーム上でケンカになったり、何人かが結託して、特定の1人を攻撃し、その人のアバター（オンライン上の分身）を殺してしまうといった事例もあるようです。ボイスチャットやメール機能を使って名誉毀損的表現などいじめに該当する行為がなされることもあります。

３ ネットいじめ事件の類型

　ネットいじめはSNSやアプリの流行とともに手法が変化し続けていること、暴力やからかいなどネット以外の方法と併用されるケースも少なくないことから、通説化した類型がある訳ではありませんが、概ね、以下のように分類できます。

　（ア）　誹謗中傷やプライバシー情報を暴露するコメントを書き込まれた
　　　　　YouTubeのコメント欄への投稿などを使って、誹謗中傷やプライバシー情報を暴露する書き込みを行う手法です。他の手法と比較すると、SNSなどを使わない従来型の手法といえます。

（イ）　なりすましアカウントを作られ、虚偽の情報やプライバシー情報
　　　を暴露された

　　　　Twitterや質問箱などを使って、自分の知らないところで他人が自
　　　分名義のアカウントを作成し、虚偽の情報やプライバシー情報など
　　　を暴露する手法です。Twitterなどでよく見られますが、子どもが複
　　　数のアカウントを使い分けてSNSを利用している場合に使われること
　　　が多い手法です。

（ウ）　自分の画像を勝手に加工され拡散された

　　　　自撮りした写真を加工するアプリは女子中学生や高校生を中心に
　　　流行しています。加工した画像を友人などに見せるためにSNSなどに
　　　アップしたところ、その画像を第三者がコピーし、ときにはさらに加
　　　工した上でTwitterなどで拡散してしまう手法です。

（エ）　グループトークを外された。誹謗中傷を書き込まれた

　　　　LINEなどで特定の子どもをグループから外したり、グループに入
　　　れなかったりする手法です。グループから外された本人からすると何
　　　を書かれているかわからないため、いじめの立証がやや困難なパター
　　　ンといえます。

（オ）　いじめられているところを動画撮影され、拡散された

　　　　暴力などを受けているところを動画撮影され、YouTubeやTikTok
　　　などの動画投稿サイトにアップされる手法です。現実の暴力、暴言
　　　などと併用されている点が特徴です。

（カ）　うその告白をされた

　　　　ここ数年、LINEメッセージなどを使って異性に嘘の告白をする「う
　　　そ告」という遊びが流行しています。告白を受ける側のみならず、告
　　　白する側もクラスメートなどに告白を強要されていることがあります。

（キ）　過去の交際時の画像を拡散された

　　　　いわゆるリベンジポルノと呼ばれる手法です。リベンジポルノにつ
　　　いては他のいじめとは異なり男女関係のトラブルから発展することが
　　　多いのが特徴です。独自に法整備が行われており、公表や公表目的
　　　での提供が処罰されます。

4 ネットいじめに共通する特徴

(1)「ネット上のいじめ」に関する対応マニュアル・事例集 （学校・教員向け）

　文部科学省「『ネット上のいじめ』に関する対応マニュアル・事例集（学校・教員向け）」では、ネット上のいじめの特徴として、以下のようなものが挙げられています。

> **ア** 不特定多数の者から、絶え間なく誹謗・中傷が行われ、被害が短期間で極めて深刻なものとなる。
>
> **イ** インターネットの持つ匿名性から、安易に誹謗・中傷の書き込みが行われるため、子どもが簡単に被害者にも加害者にもなる。
>
> **ウ** インターネット上に掲載された個人情報や画像は、情報の加工が容易にできることから、誹謗・中傷の対象として悪用されやすい。また、インターネット上に一度流出した個人情報は、回収することが困難となるとともに、不特定多数の他者からアクセスされる危険性がある。
>
> **エ** 保護者や教師などの身近な大人が、子どもの携帯電話等の利用の状況を把握することが難しい。また、子どもの利用している掲示板などを詳細に確認することが困難なため、「ネット上のいじめ」の実態の把握が難しい。

(2) ネットいじめに共通する特徴

　「『ネット上のいじめ』に関する対応マニュアル・事例集（学校・教員向け）」は10年以上前に出されたものですが、現在でもそこに書かれた特徴は十分に当てはまりうるものだと思います。

　特に問題となるのは、匿名性です。投稿が匿名で行われているため当該投稿を同じ学校の生徒が行ったか否か、一読して明らかとは限らず、学校側に調査義務やいじめ防止義務があるか自体がはっきりしないこともあり得ます。いじめの主体が誰であるかを特定できなければ、学校に該当する生徒への聞き取りを求めること自体困難となるため、裁判手続を用いて誰が投稿したのか特定する必要があります。

また、実態把握の困難性も特徴といえます。SNSの投稿などを発見しても、それはいじめのごく一部に過ぎないことや、仲間内にしか分からないあだ名や略語で書かれていることもあり、生徒への聞き取りなどを行わないと全体像の解明が難しいケースは少なくありません。

5 ネットいじめ対応の基本方針

(1) 獲得目標の選択

典型的な獲得目標としては、①投稿の削除のみ求める、②加害児童を特定して謝罪や再発防止を約束させる、③加害児童や学校等に対して法的責任を追及する等が考えられます。

最も消極的な獲得目標である①から最も積極的な獲得目標である③まで、どの獲得目標を選択するかは相談者の意向ごとにかなり異なる印象です。そもそも、ネットいじめに対してどの獲得目標を選択するかは、今後の学校での人間関係や、同じ学校に通学する兄弟姉妹への影響、いじめの継続期間の長短、家庭の方針など様々な考慮要素が複雑に絡み合います。

弁護士としては、安易に方針を確定させることなく、相談者と定期的に方針を打ち合わせながら、状況に応じて柔軟に方針を修正していくことが必要です。

(2) 証拠収集は「車の両輪」の組み合わせが重要

ネットいじめ事件では、特に証拠収集段階において、「教育現場での対応」と、発信者情報開示請求などの「裁判手続を使った証拠収集」の組み合わせが非常に重要であるということは、頭に入れておく必要があります。

一般にいじめ事件は、学校という保護者の目から離れた場所で行われること、直接的な暴力や暴言などの裏付けは同級生の目撃証言などに頼らざるを得ないこと等の理由から、学校や教育委員会が行ったアンケートや、生徒からの聴取結果が非常に重要です。これらの資料の収集は、教育現場に実際に調査してもらう以外に有力な手段が通常考えられません。

他方で、いじめの痕跡が電子情報として残っている場合には、アンケート等教育現場での対応の結果だけでは加害児童の特定ができなかった場合であっ

ても、例えば発信者情報開示請求を行うことで加害児童を特定することができます。開示された発信者情報や投稿内容を根拠に、学校や教育委員会に対して、より当事者を絞り込んで詳細に聴き取りを行うよう求めることもできるでしょう。

　具体的な組み合わせ手法は実践編である5章、6章で述べますが、まずは、「教育現場での対応」と「裁判手続を使った証拠収集」という二種類の手法をいわば「車の両輪」として動かすことが、基本方針として重要であるということを頭に入れておいてください。

2章

いじめにかかわる
法律、指針、通達

第1 本章の目的

　本章では、ネットいじめへの対応のうち、「教育現場での対応」（1章第1・3）の側面について述べます。

　まず、いじめに対する法整備の全体像を理解するため、いじめ対策に関する法整備がいかなる変遷を経て行われてきたか、歴史的経緯を概観します。その上で、これらの法律等を用いて、「教育現場での対応」としてどのようなことが可能かを検討します。

第2 「いじめ」の定義の変遷と、法整備の歴史

1 いじめ防止対策推進法ができるまで

　どのような言動が「いじめ」に当たるのでしょうか。

　従前から、文部科学省（旧・文部省）は「児童生徒の問題行動等生徒指導上の諸問題に関する調査」を行っており、この中で、「いじめ」の定義付けが行われていました。昭和61年度の定義では「①自分より弱い者に対して一方的に、②身体的・心理的な攻撃を継続的に加え、③相手が深刻な苦痛を感じているものであって、学校としてその事実（関係児童生徒、いじめの内容等）を確認しているもの。なお、起こった場所は学校の内外を問わないもの」とされた上で調査が行われていました。

　しかし、昭和61年度の定義では、「学校としてその事実（関係児童生徒、いじめの内容等）を確認しているもの」という要件に対して、いじめが見えにく

いところで発生し、児童生徒が教師や大人に訴える場合ばかりではないという実態が考慮されていないという批判がありました。

そこで、平成6年度からは「①自分より弱い者に対して一方的に、②身体的・心理的な攻撃を継続的に加え、③相手が深刻な苦痛を感じているもの。なお、起こった場所は学校の内外を問わない。」という定義にあらためられました。その上で、個々の行為がいじめに当たるか否かの判断を表面的・形式的に行うことなく、いじめられた児童生徒の立場に立って行うことという要件も付け加わり、いじめの定義が広くなりました。

もっとも、いじめによる自死事件がなくなることがなかったため、教育再生会議が設置され、いじめの定義も「当該児童生徒が、一定の人間関係のある者から、心理的、物理的な攻撃を受けたことにより、精神的な苦痛を感じているもの。」とされた上で、個々の行為が「いじめ」に当たるか否かの判断に関しても、起こった場所は学校の内外を問わないという要件も付け加わりました。「一方的に」「継続的に」「深刻な」といった文言が削除され、「いじめられた児童生徒の立場に立って」「一定の人間関係のある者」「攻撃」についての注釈が追加されたことで、いじめがより広く捉えられるようになりました。

2 いじめ防止対策推進法ができてから

平成23年10月にいわゆる大津市事件が発生しました。この事件を受けて、平成25年6月に「いじめ防止対策推進法」が制定され、同年9月に施行されました。

いじめ防止対策推進法では、「いじめ」は「児童等に対して、当該児童等が在籍する学校に在籍している等当該児童等と一定の人的関係にある他の児童等が行う心理的又は物理的な影響を与える行為（インターネットを通じて行われるものを含む。）であって、当該行為の対象となった児童等が心身の苦痛を感じているもの」とされています。なお、「起こった場所は学校の内外を問わない」ともされています。

さらに、「いじめ」について「犯罪行為として取り扱われるべきと認められ、早期に警察に相談することが重要なものや、児童生徒の生命、身体又は財産に重大な被害が生じるような、直ちに警察に通報することが必要なものが含ま

れる。これらについては、教育的な配慮や被害者の意向への配慮の上で、早期に警察に相談・通報の上、警察と連携した対応を取ることが必要である。」と後述の基本方針でも規定されました。

3 いじめ防止対策推進法制定に関する ガイドライン等の制定について

いじめ防止対策推進法制定後、各種の指針・ガイドライン等が出されました。

> 平成25年－「いじめ防止等のための基本的な方針」
> 平成26年－「子供の自殺が起きたときの背景調査の指針（改訂版）」
> 平成28年－「不登校重大事態に係る調査の指針」
> 平成29年－「いじめの重大事態の調査に関するガイドライン」

(1) いじめ防止等のための基本的な方針

この方針は、いじめ防止対策推進法11条に基づいて策定されたものです。いじめ防止対策の基本的な方向に関する事項、いじめ防止対策の内容に関する事項及びその他の重要事項が規定されています。

(2) 子供の自殺が起きたときの背景調査の指針

この指針自体は平成23年に策定されました。子どもの自死が起きた場合の事後対応について、当時の時点で実施可能と考えられる枠組みや実施例が提示されたものです。平成25年に「いじめ防止対策推進法」が成立したことを受けて改訂が行われ、児童生徒の自殺がいじめにより生じた疑いがある場合は、法に規定する「重大事態」として、事実関係の調査など必要な措置が義務づけられることとなりました。

(3) 不登校重大事態に係る調査の指針

この指針は、いじめ防止対策推進法の28条1項2号で規定されている不登校

重大事態の調査のあり方について、文科省が策定したものです。

(4) いじめ重大事態の調査に関するガイドライン

　「いじめ防止等のための基本的な方針」、「子供の自殺が起きたときの背景調査の指針」及び「不登校重大事態に係る調査の指針」が策定された後も、学校の設置者又は学校において、重大事態が発生しているにもかかわらず、不適切な対応があり、児童生徒に深刻な被害を与えたり、保護者に対して大きな不信を与えたりした事案が発生しました。そのため、文科省が、いじめ防止対策推進法第28条第1項のいじめの重大事態への対応について、学校の設置者及び学校における法・基本方針等に則った適切な調査が実施されるようこのガイドラインが策定されました。

4　いじめ防止対策推進法の改正について

　いじめ防止対策推進法附則第2条には「いじめの防止等のための対策については、この法律の施行後三年を目途として、この法律の施行状況等を勘案し、検討が加えられ、必要があると認められるときは、その結果に基づいて必要な措置が講ぜられるものとする。」とあります。

　いじめ防止対策推進法は平成25年9月28日に施行されたので既に3年が経過し、法改正も議論されたことがありましたが、現在（令和3年9月現在）まで、法改正は行われていません。学校の義務規定に関して争いがあることもあり、いまだに国会に改正案が提出されていないからです。

第3 | 法律、指針、ガイドライン等の概要

1 総論

　いじめ問題については、いじめ防止対策推進法をはじめ、各種の指針・ガイドラインが出されています。以下では、いじめ防止対策推進法等について、その概要と活用方法（ポイント）を述べたいと思います。

2 いじめ防止対策推進法

（https://www.mext.go.jp/a_menu/shotou/seitoshidou/1406848.htm）

（1）いじめの定義

いじめ防止対策推進法等

いじめ問題全般

いじめ防止対策推進法　いじめ防止等のための基本的な方針

不登校	生命・身体等への重大な損害

いじめの重大事態の調査に関する
ガイドライン
不登校重大事態に係る調査の指針

いじめの重大事態の調査に関する
ガイドライン
子供の自殺が起きたときの
背景調査の指針

先述したように、いじめ防止対策推進法では「いじめ」を「児童等に対して、当該児童等が在籍する学校に在籍している等当該児童等と一定の人的関係にある他の児童等が行う心理的又は物理的な影響を与える行為（インターネットを通じて行われるものを含む。）であって、当該行為の対象となった児童等が心身の苦痛を感じているもの」と定義しています（2条）。はじめて法律で「いじめ」が定義されました。

(2) いじめ防止の基本方針等

　いじめ防止対策推進法では、いじめの防止対策の基本理念（3条）、いじめの禁止（4条）、関係者の責務等（5条～9条）も定められています。また、いじめ防止の基本方針等も定められました。国と学校では「いじめの防止等のための対策に関する基本的な方針」を策定することが義務とされ、地方公共団体では努力義務とされています（11条～13条）。地方公共団体は、関係機関等の連携を図るため、学校、教育委員会、児童相談所、法務局、警察その他の関係者により構成されるいじめ問題対策連絡協議会を置くことができるとされています（14条）。

(3) いじめ防止の措置等

　基本的施策やいじめの防止等に関する措置も定められています。

　学校の設置者（地方公共団体、学校法人等）及び学校が講ずべき基本的施策としては①道徳教育等の充実、②早期発見のための措置、③相談体制の整備、④インターネットを通じて行われるいじめに対する対策の推進が定められています（15条、16条、19条）。

　国及び地方公共団体が講ずべき基本的施策としては⑤いじめの防止等の対策に従事する人材の確保等、⑥調査研究の推進、⑦啓発活動が定められています（18条、20条、21条）。

　学校は、いじめの防止等に関する措置を実効的に行うため、複数の教職員、心理、福祉等の専門家その他の関係者から構成される組織を置くこととされています（22条）。

　また、個別のいじめに対して学校が講ずべき措置としては、①いじめの事実

確認、②いじめを受けた児童生徒又はその保護者に対する支援、③いじめを行った児童生徒に対する指導又はその保護者に対する助言について定めるとともに、いじめが犯罪行為として取り扱われるべきものであると認めるときの所轄警察署との連携について定めることとされています（23条）。さらに、懲戒、出席停止制度の適切な運用等の措置を定めることともされました（25条、26条）。

> **ポイント！**
>
> 学校としては、いじめ防止のための組織を設置し、いじめの相談を受けた場合は23条所定の上記①〜③の措置をとらなければなりません。また、生徒・保護者が学校に相談を持ちかける際も、上記の法23条を指摘しながら持ちかけた方が効果的です。

(4) 重大事態への対処

重大事態への対処についても定められました（28条）。

まず、重大事態とは、①いじめにより当該学校に在籍する児童等の生命、心身又は財産に重大な被害が生じた疑いがあると認めるとき、②いじめにより当該学校に在籍する児童等が相当の期間学校を欠席することを余儀なくされている疑いがあると認めるときのことを指します。

学校の設置者（地方公共団体、学校法人等）又は学校は、重大事態に対処し、同種の事態の発生の防止に資するため、速やかに、適切な方法により事実関係を明確にするための調査を行うこととされました。また、学校の設置者又は学校は、重大事態の調査を行ったときは、いじめを受けた児童生徒及びその保護者に対し、必要な情報を適切に提供するものとするとされました。さらに、学校の設置者又は学校は、地方公共団体の長等（公立学校は地方公共団体の長、国立学校は文部科学大臣、私立学校は都道府県知事）に対して重大事態が発生した旨の報告を行い、地方公共団体の長等による重大事態調査の再調査、再調査の結果を踏まえ措置等についても定めることとされました（29条〜31条）。

　法の規定上は、学校の設置者（地方公共団体、学校法人等）や学校が調査組織を設置することになっています。しかし、学校の設置者や学校が主体的に調査組織を設置しないことも多々あります。そのような場合は、保護者の側から、法28条を指摘して調査組織の設置を促すようにしましょう。

　なお、保護者側からの求めに対して、学校の設置者や学校が重大事態が存在しないとの前提で対処することがありますが、これは許されないことです（「いじめ防止等のための基本的な方針」「いじめの重大事態の調査に関するガイドライン」参照）。

3 いじめ防止等のための基本的な方針

（https://www.mext.go.jp/component/a_menu/education/detail/__icsFiles/afieldfile/2019/06/26/1400030_007.pdf）

　この方針はいじめ防止対策推進法11条に基づいて策定されました。

　この方針では、まず、いじめ防止対策の基本的な方向に関する事項が規定されています。法制定の意義、基本理念、組織的対策、いじめの定義、いじめの理解、いじめの防止に関する基本的考え方が規定されています。

　次に、いじめ防止対策の内容に関する事項が規定されています。

　国が実施する施策としては、いじめ防止基本方針の策定と組織の設置、いじめ防止のために国が実施すべき施策（いじめ防止、早期発見、いじめへの対処、教員が子どもと向き合うことのできる体制の整備）、及び、いじめ防止基本方針の策定と組織等の設置等を行うことが定められています。

　地方公共団体が実施すべき施策としては、地方いじめ防止基本方針の策定、いじめ問題対策連絡協議会の設置、法14条3項に規定する教育委員会の附属機関の設置、その他の地方公共団体が実施すべき施策が定められています。

　学校が実施すべき施策としては、学校いじめ防止基本方針の策定、学校におけるいじめの防止の対策のための組織、学校におけるいじめの防止に関する

措置（いじめの防止、早期発見、いじめに対する措置）が定められています。

　また、重大事態への対処についても定められています。まず、学校の設置者又は学校による調査について定められています。ここでは、児童生徒や保護者からいじめにより重大な被害が生じたという申立てがあったときは、その時点で学校が「いじめの結果ではない」あるいは「重大事態とはいえない」と考えたとしても、重大事態が発生したものとして報告・調査等に当たることと規定されています。

　さらに、学校におけるいじめ防止早期発見・いじめに関する措置のポイントについても言及されています。その中で、特に配慮が必要なケースとして、障害のある児童生徒がかかわるいじめ、外国につながる児童生徒、性同一性障害等にかかる児童生徒に対するいじめ、東日本大震災の被災児童生徒が挙げられています。

ポイント！

　児童生徒や保護者から重大事態だという申立てがあったにもかかわらず、設置者・学校が重大事態が発生していないことを前提に調査を開始することがあります。このような偏見をもって調査が進められてしまっては、いじめの実態が明らかにならないおそれがあります。児童・保護者としては、このような前提が本方針に違反することを、設置者・学校に指摘し、前提を質すことが必要になってくるでしょう（「いじめの重大事態の調査に関するガイドライン」も参照）。

4 不登校重大事態に係る調査の指針

（https://www.mext.go.jp/component/a_menu/education/detail/__icsFiles/afieldfile/2019/06/26/1400030_013.pdf）

　いじめ防止対策推進法28条1項2号に規定する不登校重大事項に関する調査の指針です。

いじめ防止対策推進法では「相当の期間学校を欠席」している場合を重大事態とし、本指針では年間「30日」を目安とするとされています。

もっとも、本指針では、「児童生徒が一定期間、連続して欠席しているような場合には、上記目安にかかわらず、学校の設置者又は学校の判断により、迅速に調査に着手することが必要である」ともされています。

調査は児童生徒の学校復帰への支援と再発防止を主な目的とし、重大事態の目安である欠席30日になる前から教育委員会等に相談しつつ、児童生徒への聴取に着手することとされています。学校での調査が原則（事案によっては教育委員会による調査も可）となります。「児童生徒理解・教育支援シート」を活用して、児童生徒の学校への復帰を支援します。いじめをした児童生徒に対して学校と家庭が連携して指導するために、調査結果は、対象児童生徒とその保護者へ情報提供されます。

ポイント！

本指針に「児童生徒が一定期間、連続して欠席しているような場合には、上記目安にかかわらず、学校の設置者又は学校の判断により、迅速に調査に着手することが必要である」とあるように、設置者・学校は、児童生徒が長期間連続欠席している場合は、「30日」に拘泥することなく、速やかに調査を始めるべきです。また、児童・保護者の方でも、「30日」に少し足りなくても、長期間連続欠席している場合は、積極的に調査を求めましょう。

5 いじめの重大事態の調査に関するガイドライン

（https://www.mext.go.jp/component/a_menu/education/detail/__icsFiles/afieldfile/2019/06/26/1400030_009.pdf）

いじめ防止対策推進法が制定され、方針や指針が策定された後も、「重大事態の被害者及びその保護者の意向が全く反映されないまま調査が進められたり、調査結果が適切に被害者及びその保護者に提供されないケースがある」

との現状・課題が指摘されていました。そのため、重大事態の調査の進め方について「いじめの重大事態の調査に関するガイドライン」が策定されました。

(1)【重大事態を把握する端緒】について

「重大事態は、事実関係が確定した段階で重大事態としての対応を開始するのではなく、『疑い』が生じた段階で調査を開始しなければならないこと」「被害児童生徒や保護者からいじめられて重大事態に至ったという申立があったときは、重大事態が発生したものとして報告・調査等に当たること」とされています。

「いじめ防止等のための基本的な方針」で言及されていたことが、本ガイドラインでも言及されています。

本ガイドラインでは、重大事態の範囲の明確化を図るため、重大事態の事例が示されています。

・軽傷で済んだものの、自殺を企図した。
・カッターで刺されそうになったが、咄嗟にバッグを盾にしたため刺されなかった。
・嘔吐や腹痛などの心因性の身体反応が続く。
・複数の生徒から金銭を要求され、総額1万円を渡した。

ポイント！

上記のものは一事例ですが、類似する事態も当然重大事態として扱われるべきです。

(2)【被害者・保護者に対する調査方針の説明等】

次に、調査方法の説明等についてです。説明時には、「いじめはなかった」等と断定的に説明してはならない、学校の設置者・学校が不適切対応を行ったことにより被害児童生徒・保護者を深く傷つける結果となったことが明らか

な場合は説明し謝罪を行うこと、被害児童生徒・保護者の心情を害する言動は厳に慎むこと、スポーツ振興センターの災害共済給付申請は保護者に丁寧に説明して手続を進めること等が書かれています。

ポイント！

スポーツ振興センターの災害共済給付申請には期限があります。ですので、学校設置者・学校が保護者に説明することは当然ですが、保護者の方も期限に注意して、積極的に説明を求めましょう。

また、調査を開始する前に、①調査目的・目標、②調査主体、③調査時期・期間、④調査事項、⑤調査方法、⑥調査結果の提供について、被害者・保護者に対して丁寧に説明を行い、被害者等の意向を踏まえた調査が行われることが求められています。

ポイント！

上記①～⑥について、学校の設置者・学校が説明することは当然のことですが、被害児童生徒・保護者も、学校の設置者等から告げられない場合は、本ガイドラインをもって、上記①～⑥について説明を求め、自分の意向を伝えましょう。

(3)【調査結果の説明・公表／個人情報の保護】

調査結果の報告に関して、「公立学校の場合は、教育委員会会議において議題として取り扱い、総合教育会議において議題として取り扱うことも検討すること」「被害児童生徒・保護者は、調査結果に係る所見をまとめた文書を、地方公共団体の長に対する報告に添えることができること」が規定されました。

また、調査結果の公表に関しては「調査結果を公表するか否かは、事案の内容や重大性、被害児童生徒・保護者の意向、公表した場合の児童生徒への影響等を総合的に勘案して、適切に判断することとし、特段の支障がなければ公表することが望ましい」「調査結果を公表する場合、公表の仕方及び公表内

容を被害児童生徒・保護者と確認すること」「学校の設置者及び学校は、被害児童生徒・保護者に説明した方針に沿って、加害児童生徒及びその保護者に対していじめの事実関係について説明を行うこと」が定められています。

　さらに「学校の設置者及び学校は、各地方公共団体の個人情報保護条例等に従って、被害児童生徒・保護者に情報提供及び説明を適切に行うこと」「学校の設置者及び学校として、『各地方公共団体の個人情報保護条例等に照らして不開示とする部分』を除いた部分を適切に整理して開示すること」と情報提供・開示についても定められています。

ポイント！

　被害児童生徒・保護者は、調査結果に係る所見をまとめた文書を、地方公共団体の長に対する調査報告に添えることができるのですが、意外と知られていません。調査結果に対して意見がある場合は、児童・保護者から所見を出すとよいでしょう。

ポイント！

　調査結果の公表に関しては、公表の仕方及び公表内容を被害児童生徒・保護者と確認することとされています。公表の方法として、報告書が膨大であること等を理由として報告書の概要が公表されることも多いです。概要だけでは生徒・保護者が記載してほしいと思っていることが記載されないおそれもあります。児童・保護者は公表内容確認の際に、自分が反映させてほしい箇所について、きちんと意見を述べるようにしましょう。

(4)【調査結果を踏まえた対応】について

　加害児童生徒に対する指導について「調査結果において、いじめが認定されている場合、加害者に対して、個別に指導を行い、いじめの非に気付かせ、被害児童生徒への謝罪の気持ちを醸成させる。加害児童生徒に対する指導等を行う場合は、その保護者に協力を依頼しながら行うこと」と規定されました。

　また、調査結果を踏まえた再発防止、教職員の処分についても明記され、「学

校の設置者及び学校におけるいじめ事案への対応において、法律や基本方針等に照らして、重大な過失等が指摘されている場合、教職員に対する聴き取りを行った上で客観的に事実関係を把握し、教職員の懲戒処分等の要否を検討すること」も規定されました。

(5)【地方公共団体の長等による再調査】について

　従前、再調査を行う必要がある場合について示されていなかったため、①調査時には知り得なかった新しい重要な事実が判明した場合、②事前に被害者・保護者と確認した調査事項について、十分な調査が尽くされていない場合、③学校の設置者及び学校の対応について十分な調査が尽くされていない場合、④調査委員の人選の公平性・中立性について疑義がある場合という4つの再調査の基準が示されました。

6 子供の自殺が起きたときの背景調査の指針
(1) 指針策定の経緯

　平成23年3月、「児童生徒の自殺予防に関する調査研究協力者会議」において、「子供の自殺が起きたときの背景調査の指針」が策定されました。

　平成23年6月以降、調査委員会を立ち上げての背景調査がいくつかの自治体で行われてきましたが、その際、本指針は、背景調査をいかにして進めるかのヒントとなる参考資料として活用されてきました。

　平成25年6月に、「いじめ防止対策推進法」が制定されました。これまでも児童生徒の自殺が起こった場合には背景調査の実施が求められていたところですが、平成25年9月28日の法律の施行以降、いじめにより児童生徒の自殺が生じた疑いがある場合は、いじめ防止対策推進法に規定する「重大事態」として、事実関係の調査など必要な措置が法律上義務づけられることとなりました。これらを踏まえ、本指針の見直し検討が行われ、平成26年に本指針の改訂が行われました。

(2) 基本調査

本指針では、まず、基本調査について記載されています。基本調査は、自殺又は自殺が疑われる死亡事案について、事案発生（認知）後速やかに着手され、全件を対象とするものです。当該事案の公表・非公表にかかわらず、基本調査によって、学校がその時点で持っている情報及び基本調査の期間中に得られた情報が迅速に整理されます。

(3) 基本調査の内容

本指針では、調査は自殺又は自殺が疑われる死亡事案が対象とされ、設置者の指導・支援のもと、学校が主体となって行うとされています。また、調査は発生（認知）したその日から開始し、その内容として、①遺族との関わり・関係機関との協力等　②指導記録等の確認　③全教職員からの聴き取り（3日以内を目処）④亡くなった子どもと関係の深い子どもへの聞き取り（状況に応じて）が求められています。遺族との関わりについても記載されています。

> **ポイント！　聴取対象**
>
> 基本調査で聴き取りを行う対象は、全教職員及び亡くなった子どもと関係の深い子どもです。学校・設置者は、勝手な思い込みで、聴取対象者を絞り込んではいけません。

(4) 基本調査から詳細調査への移行

次に、本指針では、基本調査から詳細調査への移行の判断について記載されています。

設置者（地方公共団体、学校法人等）は、基本調査の報告を受け、詳細調査に移行するかどうかを判断することになります。学校生活に関係する要素（いじめ、体罰、学業、友人等）が背景に疑われる場合・遺族の要望がある場合・その他必要な場合には、詳細調査に移行すべきとされています。また、基本調査の報告後、詳細調査の組織設置までに時間がかかる場合には、詳細調査移行を判断する際にあわせてアンケート調査や聴き取り調査を、緊急的に実

施するかどうかを判断するとされています。

> **ポイント！　遺族の要望と調査報告**
>
> 　詳細調査に移行する場合の一つに「遺族の要望がある場合」が挙げられています。設置者・学校が遺族の意向を確認することは当然ですが、その際は、設置者・学校は、必ず、遺族に対して詳細な基本調査の報告を行わなければなりません。詳細な報告がないと、遺族は、詳細調査へ移行すべきか否かの的確な判断ができないからです。

（5）詳細調査の内容

　次に、本指針では、詳細調査について記載されています。

　詳細調査とは、基本調査等を踏まえ必要な場合に、心理の専門家など外部専門家を加えた調査組織において行われる、より詳細な調査のことです。詳細調査では、事実関係の確認のみならず、自殺に至る過程を丁寧に探り、自殺に追い込まれた心理を解明し、それによって再発防止策を打ち立てることを目指します。

　調査の主体は、学校又は学校の設置者が考えられています。公立学校における調査の主体は、特別の事情がない限り、学校ではなく、学校の設置者とされています。自殺に至る過程や心理の検証には高い専門性が求められることから、中立的な立場の外部専門家が参画した調査組織で「詳細調査」を実施すべきです。この調査組織の構成は、職能団体からの推薦によるなど、公平性・中立性を確保することが必要であるともされています。

　詳細調査に関しては、組織の設置、調査の計画、調査の実施について書かれています。調査の実施方法としては、①基本調査の確認、②学校以外の関係機関への聴き取り、③状況に応じ、子どもに自殺の事実を告げて行う調査、④遺族からの聴き取りとされています。状況に応じた子どもに対する聴き取りについてはアンケート調査・聴き取り調査とされ、複数の対応者で臨むことが望ましいとされています。

　遺族からの聴き取りにおける留意事項、遺書の取扱い、情報の整理、自殺に至る過程や心理の検証（分析評価）、今後の自殺予防の改善策、報告書のと

りまとめと遺族等への説明、調査結果の報告と今後の自殺予防・再発防止の
ための報告書の活用等についても記載されています。

(6) その他

　詳細調査に移行しない場合は、基本調査の内容や得られた調査情報等を保
存し、自殺の実態調査を文部科学省へ提出するとともに、得られた情報の範囲
内で検証や再発防止策を検討することが必要とされています。

　いじめが背景に疑われるとされた場合、以下の措置がとられることになっ
ています。①「重大事態」発生の報告（設置者から地方公共団体の長（公立）、
設置者から都道府県知事（私立））、②「重大事態」に係る調査の主体と調査組
織の設置、③「重大事態」に係る調査の実施、④「重大事態」に係る調査結
果の提供及び報告、⑤再調査実施と再調査の結果を踏まえた必要な措置。

　平常時の備えについては、以下のように規定されています。学校は「子供
の自殺が起きたときの緊急対応の手引き」と本指針を参考に、事後対応と基
本調査ができるように、平常時より備えること。設置者（地方公共団体、学校
法人等）は研修や専門家の助言を得られる体制の整備（人材バンク）や調査組
織の設置などの体制整備を行うこと。都道府県教育委員会は研修、人材確保、
規模の小さな地域の支援を行うこと。

7 通知等

　いじめ問題に関しては多くの通知等が出されています。文部科学省のホーム
ページで平成18年以降の通知を見ることができます。

　（https://www.mext.go.jp/a_menu/shotou/seitoshidou/1302904.htm）

第4 インターネット関連

ネット上のいじめについても、種々の規定がされています。

1 いじめ防止対策推進法2条

　同法2条におけるいじめの定義をもう一度確認してみましょう。かっこ書きで「インターネットを通じて行われるものを含む。」とされています。この規定から、ネットいじめも同法のいう「いじめ」に該当することがわかります。

　また、これを受けて、インターネットを通じた「いじめ」について「いじめ防止等のための基本的な方針」では、「例えばインターネット上で悪口を書かれた児童生徒がいたが、当該児童生徒がそのことを知らずにいるような場合など、行為の対象となる児童生徒本人が心身の苦痛を感じるに至っていないケースについても、加害行為を行った児童生徒に対する指導等については法の趣旨を踏まえた適切な対応が必要である」との配慮がされています。

ポイント！　書込者に対する指導

　上記のようにインターネットでの書き込みに児童生徒が気づかなかった場合は、児童生徒が心身の苦痛を感じることはないため、厳密にはいじめ防止対策推進法における「いじめ」には当たりませんが、学校は書込者に対して、適切な指導を行うべきです。

2 いじめ防止対策推進法19条

　同法19条では、ネットいじめに対する啓発（1項）、いじめネットパトロール（2項）、プロバイダへの削除要請及び発信者情報の開示請求の法務局又は地方法務局の協力（3項）が規定されています。

1項　ネットいじめに対する啓発

「学校の設置者及びその設置する学校は、当該学校に在籍する児童等及びその保護者が、発信された情報の高度の流通性、発信者の匿名性その他のインターネットを通じて送信される情報の特性を踏まえて、インターネットを通じて行われるいじめを防止し、及び効果的に対処することができるよう、これらの者に対し、必要な啓発活動を行うものとする。」

2項　いじめネットパトロール

「国及び地方公共団体は、児童等がインターネットを通じて行われるいじめに巻き込まれていないかどうかを監視する関係機関又は関係団体の取組を支援するとともに、インターネットを通じて行われるいじめに関する事案に対処する体制の整備に努めるものとする。」

3項　プロバイダへの削除要請及び発信者情報の開示請求の法務局又は地方法務局の協力

「インターネットを通じていじめが行われた場合において、当該いじめを受けた児童等又はその保護者は、当該いじめに係る情報の削除を求め、又は発信者情報（括弧内略）の開示を請求しようとするときは、必要に応じ、法務局又は地方法務局の協力を求めることができる。」

ポイント！　法務局との連携

法19条3項では、児童・保護者は、ネット上のいじめにあった場合、法務局に対して、削除・発信者情報開示請求の協力を求めることができるとされています。学校が対処しない・できない場合は、法務局に相談するのも一つの手段です。また、児童・保護者の相談を受けた学校としても、学校で対処できない場合は、法務局に助力を求めるとよいでしょう。

みんなの人権110番　0570-003-110

なお、毎日新聞2020年10月3日の記事によりますと、新型コロナウイルスのクラスター発生に関する高校生徒へのネット中傷について、松江地方法務局がプロバイダなどに削除要請を行ったとのことです。いじめ事案でも、生

徒・保護者・学校は、積極的に法務局に助力を求めるとよいでしょう。

3 いじめ防止等のための基本的な方針

「いじめ防止等のための基本的な方針」では、インターネット上のいじめについて、以下のように規定されています。

(1) 国について

インターネットを通じて行われるいじめに児童生徒が巻き込まれていないかパトロールする機関・団体の取組支援や、いじめに対処する体制の整備を実施すべきとされています。

また、児童生徒に情報モラルを身に付けさせる指導の充実を図ることともされています。

(2) 地方公共団体について

児童生徒がインターネット上のいじめに巻き込まれていないかどうかを監視する関係機関又は関係団体の取組支援やインターネット上のいじめに関する事案に対処する体制の整備といった施策を実施すべきとされています。

具体的には、学校ネットパトロールを実施したり、情報モラルを身に付けさせるための教育を充実したりすること等が想定されています。このことについては、都道府県と市町村が円滑に連携（例えば、都道府県がネットパトロールの実施体制を整備し、市町村は都道府県の実施するネットパトロールへの必要な協力をする等）して、実施することとされています。

また、学校の設置者としての地方公共団体については、当該学校に在籍する児童生徒及びその保護者が、発信された情報の高度の流通性、発信者の匿名性その他のインターネットを通じて送信される情報の特性を踏まえて、インターネット上のいじめを防止し、及び効果的に対処することができるよう、これらの者に対する、必要な啓発活動を実施するとされています。

(3) 学校について

　インターネット上の不適切な書き込み等に対して、被害の拡大を避けるため、学校は、直ちに削除する措置をとるとされています。名誉毀損やプライバシーの侵害等があった場合、プロバイダが違法な情報発信停止を求めたり、情報を削除したりできるようになっているので、学校は、プロバイダに対して速やかに削除を求めるなど必要な措置を講じることになっています。

　こうした措置をとるに当たって、必要に応じて法務局又は地方法務局の協力を求めることになります。なお、児童生徒の生命、身体又は財産に重大な被害が生じるおそれがあるときは、直ちに所轄警察署に通報し、適切に援助を求めるとされています。

　早期発見の観点から、学校は、学校の設置者等と連携し、学校ネットパトロールを実施し、インターネット上のトラブルの早期発見に努めなければなりません。また、児童生徒が悩みを抱え込まないよう、法務局・地方法務局におけるインターネット上の人権侵害情報に関する相談の受付など、関係機関の取組についても周知しなければなりません。

　パスワード付きサイトやSNS、携帯電話のメールを利用したいじめなどについては、より大人の目に触れにくく、発見しにくいため、学校における情報モラル教育を進めるとともに、保護者においてもこれらについての理解を求めていくことが必要です。

　なお、学校と警察との連携については、文科省より「いじめ問題への的確な対応に向けた警察との連携について（通知）」が発出されています。

ポイント！　法務局・警察との連携

　先述したこととも重複しますが、学校はネット上の不適切な書き込みを発見した場合、ときには法務局の助力を得て、直ちに削除請求の措置をとるべきです。

みんなの人権110番　0570-003-110

　また、学校に警察が介入することには議論があるところですが、児童生徒の生命、身体又は財産に重大な被害が生じるおそれがあるときは、学校も、直ちに所轄警察署に通報し、適切に援助を求めなければなりません。

　同法20条では、いじめの防止等のための対策の調査研究の推進等について書かれています。

　ここでも、国及び地方公共団体が「いじめの防止及び早期発見のための方策等、いじめを受けた児童等又はその保護者に対する支援及びいじめを行った児童等に対する指導又はその保護者に対する助言の在り方、インターネットを通じて行われるいじめへの対応の在り方その他のいじめの防止等のために必要な事項やいじめの防止等のための対策の実施の状況についての調査研究及び検証を行うとともに、その成果を普及するものとする。」とネットいじめに対する調査研究に関して言及されています。

インターネットの書き込みによる人権侵害について

インターネットの書き込みにより、人権侵害の被害にあわれた場合

まず、最寄りの法務局へ人権相談を

名誉毀損罪等により犯人の処罰を希望される場合

最寄りの警察署、各都道府県警察本部の
サイバー犯罪相談窓口等をご案内します

書き込みの削除を希望される場合

法務局職員又は人権擁護委員が
詳しくお話をおうかがいします

相談者ご自身で削除を依頼される場合

プロバイダ等への削除依頼等の
具体的方法を助言します

相談者ご自身で削除依頼をすることが困難である場合
又は相談者ご自身で削除依頼をしたが応じてもらえなかった場合

法務局において、当該書き込みの違法性を判断した上で、プロバイダ等へ削除要請をします
（ただし、強制力を伴わない任意の措置にとどまります）

法務局の削除要請にも応じてもらえなかった場合

裁判所に削除の仮処分命令の申立てをする方法をご案内します
（法務局が申立てを代行することはできません。相談者ご自身で申立てをするのが困難であれば、弁護士等に相談していただくことが考えられます。資力の乏しい方は、日本司法支援センター（法テラス）の民事法律扶助（弁護士等による無料法律相談や弁護士費用等の立替え）をご利用いただくことができます。）

法務省HPより

3章

裁判手続を使った証拠収集および削除請求

第1 本章の目的

　本章では、ネットいじめへの対応のうち、「裁判手続を使った証拠収集」（1章第1・3）の側面について述べます。ネット上でのいじめは校外で行われることも多く、学校がすべての情報を把握することはなかなか困難です。

　そのため、被害者側が本章で述べられているような手続を用いて、削除や発信者の特定をしていくことになります。

第2 インターネットの仕組み

1 インターネットとIPアドレス

　インターネットとは、相互に接続されたコンピュータのネットワーク網です。

　インターネットは、経由プロバイダ（インターネット回線を提供する事業者）とプロバイダ契約をすることで接続するのが一般的です。

　インターネット上で通信する端末には、必ずIPアドレスという識別番号が割り振られています。IPアドレスは、よく「インターネット上の住所」といわれますが、数列自体には地理的な要素がない点で厳密には住所とは異なります。

　現在、主に使われているIPアドレスは、IPv4というもので、0から255の数値の四つの組み合わせで表記されます。

　例えば、「61. 112. 24. 64」といった形です。

　しかし、IPv4は、全世界で約43億個しかIPアドレスが存在せず、枯渇問題が生じており、新たにIPv6という約340澗個（340兆の1兆倍の1兆倍）のIPアドレスが存在する規格も使用されはじめています。

　ウェブサーバやメールサーバは、固定のIPアドレスが割り当てられています。

他方、単に通信を行うだけのコンピュータの場合、経由プロバイダは、一般的に、インターネットに接続するたびに、コンピュータに異なるIPアドレスを割り当て、IPアドレスを有効活用しています。

したがって、ある投稿の発信者を特定するためには、IPアドレスだけではなく、いつその通信が行われたかというタイムスタンプ等も必要となります。

② IPアドレスとドメイン名

IPアドレスとドメイン名は、いずれもコンピュータを識別するために用いられます。

ドメイン名とは、「人」が、インターネット上、通信先を指定するために用いる識別子で、ウェブサイトのURL等で用いられています。例えば、「http://www.machisaga-lo.jp」というURLの「machisaga-lo.jp」部分がドメイン名です。

他方、IPアドレスは、コンピュータ等が、インターネット上、通信元の確認や通信先の指定をするために用いる識別子です。

ドメイン名には対応するIPアドレスがあります。

ドメイン名のみでは、コンピュータは通信先を識別することはできず、コンピュータがDNS（Domain Name System）サーバというものにドメイン名に対応するIPアドレスを問い合わせ（「正引き」）、回答されたIPアドレスに接続することで通信先の端末を特定することになります。

例えば、「http://www.machisaga-lo.jp」というウェブサイトを閲覧しようとする場合、コンピュータはDNSサーバに「machisaga-lo.jp」のIPアドレスを問い合わせ、「61.112.24.64」という回答を得て、ウェブサイトに接続します。

第3 | 事前準備

1 証拠収集

　問題のあるウェブページの記載を発見した場合には、速やかに当該ウェブページを証拠化する必要があります。

　具体的には、①投稿内容と②当該ウェブページのURL、③スクリーンショットした日付が明示される方法で証拠化しなければなりません。

　特に、②については、知財高判平成22年6月29日判例秘書L06520292では、「インターネットのホームページを裁判の証拠として提出する場合には、欄外のURLがそのホームページの特定事項として重要な記載であることは訴訟実務関係者にとって常識的な事項である」と判示されており、URLの記載がない証拠は証拠価値がほとんど認められないものと考えられています。実際、ウェブページの表示を改変することはブラウザの開発ツール等により容易に行うことができるので、URLによりスクリーンショットの内容を確認できることは証拠作成上不可欠であるといえます。

　相談の中では、相談者自身が投稿記事の削除を終え、発信者の特定を弁護士に依頼するというケースも多いですが、相談者がURLの表示がされていない証拠のみを保存し、既に当該投稿が削除されていることでURLがわからず、発信者の特定に支障を来すことも少なくありません。

　以下では、ウェブページの証拠化の方法をいくつか示します。

(1) スクリーンショットで証拠化する

　スクリーンショットとは、モニター上に表示されたものをそのまま保存する方法です。

　スクリーンショットは、インターネットで閲覧できる状態であったことを証拠化できるため、名誉毀損における「公然性」の要件を立証するために有益であり、最もメジャーな方法です。

　スクリーンショットで保存する場合には、URLがすべて画面に表示されるよ

うにアドレスバーを広げる等の注意をする必要があります。

> **ア Windowsでのスクリーンショットの方法**
> ① 「print screen [PrtSc]」キーを押す
> ② ペイントを立ち上げて貼り付けをする
> ③ ファイルメニューから保存する
>
> **イ Macでのスクリーンショットの方法**
> ① 「command [⌘]」キー＋「shift [shift]」キー＋「3 [3]」キーを同時に押す
> ② ファイルメニューから保存する

　なお、iPhoneやiPadなどのiOS版Safariを用いた場合、URLが一部しか表示されずスクリーンショットを撮っても証拠として不十分になる可能性があることを注意する必要があります。

(2) PDFとして証拠化する

　SafariやChromeといったブラウザで、プリント画面からPDFとして保存する方法です。

　この方法であっても、URLが記載されるように注意する必要があります。

　例えば、Safariであれば、プリント画面で「ヘッダとフッタをプリントする」にチェックを入れる必要があります。

(3) 印刷として証拠化する

　該当するウェブページをプリンターで印刷して紙媒体で証拠化する方法です。

　印刷の場合、URLが長いとURLの全体を紙に印字できないことがあります（Googleマップ等）。

　この場合、別の証拠化方法を選択するなどして、弁護士の手元には投稿内容とURLを同時に保存しつつ、実際に裁判所に紙媒体として提出する際には、弁護士の報告書等を作成することもあり得ます。

（4）動画を撮って証拠化する

モニター上に表示されたものをそのままビデオカメラ等で撮影して証拠化する方法です。

動画による名誉毀損等を証拠化する場合に有用です。

（5）スマートフォンでしか表示されないウェブページをパソコンで表示させる方法

スマートフォンでしか表示されないウェブページをパソコンで表示するためには、ブラウザの「ユーザーエージェント」を切り替える拡張機能をインストールするか（ChromeやFirefox等）、開発者ツールを使う（Internet ExplorerやSafari等）ことが必要です。

2 サイト管理者の特定

前述のとおり、ウェブサイトは、サーバにある情報を閲覧するものなので、後述する投稿の削除請求や発信者情報開示請求は、サーバを管理する権限を有する者を相手方とすることになります。

具体的に、サーバを管理する権限を有する者とは、①発信者 ②サイト管理者 ③サーバ運営者が考えられます。

以下では、上記のサーバを管理する権限を有する者の調査方法を説明します。

（1）発信者の調査

発信者の調査は、後述する発信者情報開示請求等によって行います。

なお、当然ですが、発信者は削除請求の相手方にはなりますが、発信者情報開示請求の相手方にはなり得ません。

（2）サイト管理者の調査

ア　ウェブサイトでの調査

サイト管理者の調査は、ウェブサイトをくまなくチェックすることからはじめます。

当該ウェブサイト上の「運営情報」「会社概要」などをクリックすれば
ウェブサイト管理者が判明することが多いです。

　　なお、当該ウェブサイト上には、サイト管理者の情報が一切記載され
ていないが、同一のサイト管理者によって管理されている他のウェブサイ
ト上にはサイト管理者の情報が記載されているケースもあります。

　　例えば、SpyOnWeb（http://spyonweb.com)というサイトを用いれば、
同一のサイト管理者によって管理されている複数のウェブサイトを調べる
ことができることがあります。

イ　Whois検索での調査

　　当該ウェブサイト上にサイト管理者の記載がない場合には、Whois検
索を用います。

　　ドメインやIPアドレスの取得時には、ICANNというドメイン登録管理組
織によって、Whoisに登録情報を提供することが義務付けられています。

　　Whois検索とは、ドメインやIPアドレスの登録者情報（名前や連絡先等）
を無償で検索できるサービスです。

　　通常のWhoisは、ドメインかIPアドレスにより検索しますが、aguseは、
URLをコピー＆ペーストすれば、登録者情報を検索することができます。

　　Whoisで検索すると、Registry（レジストリ）、Registrar（レジストラ）、
Registrant（レジストラント）という用語が出てくることがあります。

　　Registry（レジストリ）とは、「.jp」「.com」「.net」などのトップドメ
インごとに一つずつ存在する各ドメイン情報を管理する機関です。例え
ば、「.jp」はJPRS、「.com」「.net」はVerisignがレジストリです。

　　Registrar（レジストラ）とは、ドメイン登録業者で、ドメインを取得す
る際には、レジストラを介してレジストリに登録申請をすることになります。
例えば、GMOインターネット株式会社が運営するお名前.comが有名です。

　　Registrant（レジストラント）とは、ドメイン登録者のことです。私達
がサイト管理者を調べる際には、Whois検索結果の「Registrant」の欄を
確認することになります。

　　Whois検索には、様々な種類がありますが、筆者がよく用いるのは
aguse（https://www.aguse.jp/）です。

ただし、Whois検索を用いても、必ずしも、サイト管理者の登録者情報を確認できるわけではありません。

　　ドメインを取得する場合、自身の個人情報の秘匿のためドメイン取得代行業者のプライバシープロテクトサービスを利用するケースが多く、その場合、ドメインの登録者が「Whois Privacy Protection Service」といった表記がされ、サイト管理者を特定することができません。

　　また、一般的には、ドメイン登録者＝サイト管理者ですが、ウェブサイト制作会社にドメインの管理を依頼している場合は、ドメイン登録者はウェブサイト制作会社です。このように必ずしもドメイン登録者＝サイト管理者とは言い切れないことにも注意すべきです。

（3）サーバ運営者の調査

　Whois検索によって、サイト管理者を特定できない場合、サーバ運営者を調査することになります。

　サーバ運営者の調査方法には、正式な方法と簡易な方法があります。

ア　正式な方法

　　①ドメイン名をIPアドレスに変換し、サーバのIPアドレスを調べる②IPアドレスをWhois検索する、という二段階でサーバ運営者を特定します。

---

① IPアドレスの正引き

　　前述のとおり、IPアドレスは数字の羅列なので、それを人間にとってわかりやすい形に置き換えたものがドメインです。

　　ドメインからそれに対応するIPアドレスを導き出す方法が正引きです。

　　正引きの方法は、Windowsであれば「コマンドプロンプト」、Macであれば「ターミナル」を起動して行います。

　　Windowsでは、「ウィンドウズ ⊞」キーを押しながら「R Ｒ」キーを押して表示された「ファイル名を指定して実行」のメニューから「名前」欄に「cmd」と入力し「OK」を押すとコマンドプロンプトが表示されます。

　　Macでは、Finderから「アプリケーション」をクリックし、「ユーティ

リティ」の中から「ターミナル」を起動します。

　次に、表示されたコマンドプロンプトないしターミナルに「nslookup ドメイン名」と入力すると、「Adress」と書かれた欄の横に正引き結果として、サーバのIPアドレスが表示されます。

② **IPアドレスをWhois検索**

　正引きによって調査したサーバのIPアドレスをWhoisで検索すると、サーバ運営者が判明します。

　なお、サーバ運営者については、プライバシープロテクトサービスのようなものは存在しません。

イ　簡易な方法

　上記のaguse（https://www.aguse.jp/）を用いてURLを入力すれば、サイト管理者の情報だけでなく、サーバ運営者の情報についても表示されます。

　以下の画像は、aguseの検索結果の一部ですが、左側がサイト管理者、右側がサーバ運営者を表しています。

　サーバ運営者は、OCN＝NTTコミュニケーションズ株式会社になります。

aguse の検索結果

machisaga-lo.jp のドメイン情報 ⁇

登録者名	machida sagami lawoffice
ドメイン名	MACHISAGA-LO.JP
公開連絡窓口	名前 machida sagami lawoffice Eメール 〔黒塗り〕 郵便番号 194-0022 住所 1-8-17,Morino,Machida-shi, 電話番号 042-720-2626
ネームサーバ	ns-207.dns.jp-e1.cloudn-service.com ns-208.dns.jp-w1.cloudn-service.com ns-209.dns.us-e1.cloudn-service.com
登録年月日	2012/02/14
有効期限	2021/02/28
最終更新日	2020/03/01 01:05:09 (JST)

WHOISで調べる

正引きIPアドレス 61.112.24.64 の管理者情報 ⁇

IPネットワークアドレス	61.112.0.0-61.112.45.255
ネットワーク名	OCN
組織名	Open Computer Network
管理者連絡窓口	AY1361JP
技術連絡担当者	TT10660JP KK551JP TT15086JP
割当年月日	2000/10/20
最終更新	2015/03/04 10:44:04(JST)

WHOISで調べる

第4 被侵害権利

　後述するとおり、投稿記事の削除請求、発信者情報開示請求、不法行為に基づく損害賠償請求は、いずれも何らかの権利侵害が必要となります。

　そこで、以下では、インターネット上のいじめにおいて問題になることが多い被侵害利益について取り上げます。

1 名誉権

(1)「名誉」の概念

　「名誉」の概念は、①外部的名誉 ②名誉感情 ③内部的名誉の三つに分類することができます。

> ① 外部的名誉とは、人の社会的評価のことです。
>
> ② 名誉感情とは、自己が自身に対して有している評価です。
>
> ③ 内部的名誉とは、自己や他人の評価を離れた、自己の客観的評価です。

　判例は、名誉権における「名誉」について外部的名誉説に立ち、「名誉」とは、「人の品性、徳行、名声、信用等の人格的価値について社会から受ける客観的価値」と定義しており、名誉権侵害が成立するためには社会的評価の低下が必要となります（最大判昭和61年6月11日民集40巻4号872頁）。

　なお、上記定義の「人」に法人が含められることについては争いがありません。

　名誉権侵害に基づき損害賠償請求する場合には、「人間」の場合には慰謝料、「法人」の場合は無形損害という費目で請求することになります。

(2) 同定可能性

　名誉権侵害においては、社会的評価の低下の前提として、第三者が対象者についての表現行為であると同定できることが必要であります。これを同定可能性といいます。

同定可能性については、第三者の範囲が問題となりますが、最判平成15年3月14日民集57巻3号229頁は、「被上告人と面識があり、又は犯人情報あるいは被上告人の履歴情報を知る者は、その知識を手がかりに本件記事が被上告人に関する記事であると推知することが可能であり、本件記事の読者の中にこれらの者が存在した可能性を否定することはできない。そして、これらの読者の中に、本件記事を読んで初めて、被上告人についてのそれまで知っていた以上の犯人情報や履歴情報を知った者がいた可能性も否定することはできない」と判示しており、あらゆる第三者にとって同定可能である必要まではないとしています。

　一般化できる基準としては、東京地判平成11年6月22日判タ1014号280頁が用いた、「原告の属性の幾つかを知る者」が同定可能か否かというものがあります。

　インターネット上の名誉権侵害のケースにおいても、東京地判平成29年10月30日ウエストロー2017WLJPCA10308015は、「原告の属性の幾つかを知る者（本件投稿がされた掲示板はインターネット上で不特定多数の者に対し公開されており、その閲覧者の中に原告の属性の幾つかを知る者が含まれていることが推認される以上、同定可能性の判断はそのような者を基準として行うべきである。）がこれを読んだ場合、原告に関する記載であることは容易に同定可能であると認められる」と判示しています。

(3) 社会的評価の低下の判断基準

　名誉権における「名誉」の概念を、外部的名誉とすることから、名誉権侵害は、対象者の社会的評価を低下させてはじめて成立することになります。

　社会的評価の判断基準について、判例は、「ある記事の意味内容が他人の社会的評価を低下させるものであるかどうかは、一般の読者の普通の注意と読み方を基準として判断すべきものである」と判示しています（最判平成24年3月23日判タ1369号121頁）。

　もっとも、表現の自由の尊重という観点からは、いかなる社会的評価の低下がある場合であっても、名誉権侵害として違法性を帯びるわけではなく、社会的評価の低下が軽微な場合には、名誉権侵害が否定されることがあることに注意すべきです。

一定の社会的評価の低下は認めつつも名誉権侵害が認められる程度の社会的評価の低下がないと判断した裁判例は多数あります。例えば、東京地判平成22年10月25日ウエストロー2010WLJPCA10258005は「これらの記事部分自体によって原告の社会的評価が法的保護に値する程度に低下したとまではにわかに認め難い」、東京地判平成21年12月25日ウエストロー2009WLJPCA12258030は「社会通念に照らして相当性を欠き受忍限度を超えて原告の名誉権を侵害する、不法行為法上違法と評価されるものであったとまでは、到底いうことができない」と判示しています。

　したがって、名誉権侵害を主張する場合には、単に社会的評価が低下したということだけではなく、対象者の属性、投稿内容の具体性・抽象性や理由付けの有無、社会的評価が低下することによって被る影響の大小等を詳細に検討して、社会的評価の低下が軽微ではないことを論証することが重要になります。

(4) 事実摘示型と意見論評型の区別

ア 事実摘示型と意見論評型の区別の実益

　名誉権侵害については、事実摘示型と意見論評型に大別することができます。

　刑法230条の名誉毀損罪については、事実の摘示が構成要件となっていますが、民事の名誉権侵害においては、意見論評型という類型が認められているとおり、必ずしも事実の摘示は要件事実とされていません（最判平成9年9月9日民集51巻8号3804頁）。

　両類型を区別する実益は、後述する違法性阻却事由の要件が異なる点にあります。

　前提として、投稿記事の削除請求は、仮処分を用いることが一般的ですが、仮処分では抗弁事由（違法性阻却事由）の不存在を債権者が主張・疎明する必要があります。また、発信者情報開示請求は「権利侵害の明白性」（プロバイダ責任制限法4条1項1号）という要件があり、違法性阻却事由の立証責任が転換されており、開示を求める者が違法性阻却事由の主張・立証又は疎明をする必要があります。

　そして、後述のとおり、一般的に、意見論評型の方が事実摘示型に比し

て、違法性阻却事由が存在しないことの主張・立証又は疎明が困難です。

　そうすると、投稿記事の削除ないし発信者情報の開示を求める者としては、ある投稿が意見論評型ではなく、事実摘示型であると主張する方が、違法性阻却事由が存しないことの主張ないし疎明が容易になることが多く、事実摘示型であると主張できるかを積極的に検討していくことがセオリーになります。

イ　事実摘示型と意見論評型の区別基準

　事実摘示型と意見論評型の区別基準について、最判平成9年9月9日民集51巻8号3804頁は、一般の読者を基準として、証拠等をもってその存否を決することが可能な他人に関する特定の事項を主張しているといえる場合には、事実摘示型である旨判示しています。

　また、同判例は、間接的ないし婉曲的に、証拠等をもってその存否を決することが可能な他人に関する特定の事項を主張しているといえる場合であっても、事実摘示型に該当する旨判示しています。

　さらに、「一見して意見ないし論評の表明とみえる場合であっても、特定の事項を明示的又は黙示的に主張するものと解される場合には、事実の摘示を含むというべき場合もあると解すべきであることは否定し得ない」ため「一般の閲覧者の通常の理解ないし読み方を基準に、前後の文脈や一般の閲覧者が有している知識ないし経験も考慮して、事実の摘示に当たるか、単なる意見ないし論評であるか、あるいは、一見して意見ないし論評の表明とみえる場合であっても、特定の事項を明示的又は黙示的に主張するものと解される場合に当たるか否かを判断」することになります（知財高判平成25年9月25日裁判所HP）。

　例えば、「頭がおかしい」という文言について、前後の文脈から精神疾患を疑わせる内容が読み取れることができれば、「精神疾患である」という証拠等をもってその存否を決することが可能な他人に関する特定の事項として事実摘示型になります。他方、文脈からそのようなことが読み取れない場合には、単に「頭が悪い」等の批判的な意味しか読み取れず証拠等をもってその存否を決することが可能な他人に関する特定の事項に該当しないので意見論評型になります。

(5) 違法性阻却事由・責任阻却事由

　民法においては、刑法230条の2のような明文の違法性阻却事由の条文は存在しません。

　しかし、以下のとおり、判例においては、刑法230条2の趣旨を参考に、事実摘示型については違法性阻却事由（真実性の抗弁）及び責任阻却事由（相当性の抗弁）、意見論評型については違法性阻却事由（公平な論評の法理の抗弁）を認めています。

　もっとも、その内容は事実摘示型と意見論評型で異なるものとなっています。

ア　事実摘示型の違法性阻却事由（真実性の抗弁）・責任阻却事由（相当性の抗弁）の要件事実（最判昭和41年6月23日民集20巻5号1118頁）

> ① 公共の利害に関する事実であること（公共性）
> ② 専ら公益を図る目的であること（公益性）
> ③ 摘示された事実が真実であること（真実性）

　①「公共の利害に関する事実」とは、「社会的関心の対象」（東京地判令和2年12月10日ウエストロー2020WLJPCA12108023）や「国民が正当な関心を有する事実」（大阪地堺支決令和2年8月17日ウエストロー2020WLJPCA08176002）や「当該事実が多数一般の利害に関係するためその事実につき関心を寄せることが正当と認められる事実」（東京地判平成28年10月25日ウエストロー2016WLJPCA10258001）のことを指します。

　つまり、「私人の私生活上の行状であっても、そのたずさわる社会的活動の性質及びこれを通じて社会に及ぼす影響力の程度など」によって「公共の利害に関する事実」に該当し得るといえます（最判昭和56年4月16日刑集35巻3号84頁）。

　そして、「公共の利害に関する事実」については、摘示された事実自体の内容・性質に照らして客観的に判断されるべきものであって、これを摘示する際の表現方法や事実調査の程度などは認定に際して考慮されるものではないとされています（最判昭和56年4月16日刑集35巻3号84頁）。

　②「専ら公益を図る目的」については、主たる動機が公益を図る点にあれ

ば足り（東京地判平成17年12月12日ウエストロー2005WLJPCA12120005等）、「公共の利害に関する事実」であれば、特段の事情のない限り、公益目的の存在が推認」されます（名古屋高判平成16年5月12日判タ1198号220頁）

もっとも、表現方法等に照らして、「公共の利害に関する事実」であったとしても、「専ら公益を図る目的」でないとされた裁判例もあるので注意が必要です（東京地判平成2年1月30日判タ730号140頁）。

③「摘示された事実が真実であること」については、事実の主要な部分が真実であれば足ります（最判昭和58年10月20日民集140号177頁）。

仮に、③が立証できなかったとしても、代わりに、

> ④ 行為者においてその事実を真実と信じるについて相当の理由があること（相当性）

を主張・立証した場合には、責任阻却事由（相当性の抗弁）が認められます。

イ 意見論評型の違法性阻却事由（公平な論評の法理の抗弁）の要件事実（最判平成9年9月9日民集51巻8号3804頁）

意見論評型の場合、性質上、意見・論評それ自体の真実性の立証ができないことから以下のとおりの公平な論評の法理の抗弁が認められています。

> ① 公共の利害に関する事実であること
> ② 専ら公益を図る目的であること
> ③ 意見ないし論評の前提としている事実が重要な部分について真実であること
> ④ 人身攻撃に及ぶなど意見ないし論評としての域を逸脱したものでないこと

ウ 意見論評型における公平な論評の法理の抗弁の不存在の疎明が困難であること

上記のとおり、投稿記事の削除の仮処分並びに発信者情報開示の仮処

分及び訴訟は、違法性阻却事由が存在しないことを投稿記事の削除ないし発信者情報の開示を求める者が主張・立証又は疎明する必要があります。

　そして、意見論評型における公平な論評な法理の抗弁の不存在を主張・立証又は疎明するためには、「意見ないし論評の前提としている事実が重要な部分について真実でないこと」を主張・立証又は疎明していくことになりますが、投稿記事の削除ないし発信者情報の開示を求める者にとっては、当該投稿がいかなる事実を前提としているか判断ができず、想定される前提事実を延べなく反真実であると主張・立証又は疎明していかざるを得ず、非常に困難な立証活動を強いられることになります。

　他方、事実摘示型における真実性の抗弁の不存在を疎明するためには、「摘示された事実が真実ではないこと」を主張・立証又は疎明すれば足ります。

　したがって、投稿記事の削除ないし発信者情報の開示を求める者は、当該投稿が、証拠等をもってその存否を決することが可能な他人に関する特定の事項に該当する事実摘示型に該当することを主張できるか可能な限り模索すべきであると考えます。

２ 名誉感情

（1）名誉感情の概念

　前述のとおり、名誉権における「名誉」とは、「人の品性、徳行、名声、信用等の人格的価値について社会から受ける客観的価値」と定義されています（最大判昭和61年6月11日民集40巻4号872頁）。

　他方、名誉感情とは、「人が自分自身の人格的価値について有する主観的評価」と定義されています（最判昭和45年12月18日民集24巻13号2151頁）。

　つまり、ある記事が、社会的評価を低下させるものであれば名誉権侵害、社会的評価は低下させないが主観的評価を低下させるものであれば名誉感情侵害になります。

　なお、法人については、感情は存在しないので、名誉感情侵害は成立しないとされています(東京地判平成25年8月2日ウエストロー2013WLJPCA08022801)。

（2）同定可能性

　名誉感情侵害についても、名誉権侵害の場合と同様、同定可能性の問題が生じ、同定可能性の有無を認定した裁判例も多数存在します（東京地判平成29年11月24日ウエストロー2017WLJPCA11248009等）。

　他方、福岡地判令和元年9月26日ウエストロー2019WLJPCA09269001は、「名誉感情侵害はその性質上、対象者が当該表現をどのように受け止めるのかが決定的に重要であることからすれば、対象者が自己に関する表現であると認識することができれば成立し得ると解するのが相当である。そして、本件でも、対象者である本件記事の男性、すなわち原告は本件記事が自己に関する記事であると認識している。これに対し、一般の読者が普通の注意と読み方で表現に接した場合に対象者を同定できるかどうかは、表現が社会通念上許容される限度を超える侮辱行為か否かの考慮要素となるにすぎない。」と判示、名誉感情侵害においては、同定可能性という要件自体は不要であり、同定の可否は、後述する名誉感情侵害の違法性の考慮要素になるに過ぎないという考えを採用しました。

　もっとも、裁判例をみると、名誉感情侵害の事案であっても、同定可能性を問題にしているものが大多数なので、基本的には、同定可能性について主張、立証・疎明し、限界事例では予備的に上記福岡地裁の裁判例の考え方を示すというスタンスが無難であると考えます。

（3）名誉感情侵害の違法性

　名誉感情侵害については、一般閲覧者の普通の注意と読み方を基準とし、社会通念上許される限度を超えた侮辱行為がある場合には人格権侵害となります（最判平成22年4月13日民集64巻3号758頁参照、東京地判平成28年10月18日判例秘書L07132435）。

　侮辱行為が、社会通念上許される限度を超えるか否かの判断においては、①表現内容（東京地判平成28年11月18日判例秘書L07133040）②具体的根拠の有無（東京地判平成29年2月14日判例秘書L07230833）③回数（東京地判平成28年9月14日判例秘書L07132024）④対象者の客観的属性（受忍限度）（東京地判令和2年10月19日ウエストロー2020WLJOCA10298029）⑤主観的意図、目的

（東京地判令和3年1月12日ウエストロー2021WLJPCA01128005）などが考慮されています。

　裁判所の名誉感情侵害の違法性認定は、比較的厳しいものがあり、基本的には名誉権侵害と構成できないかを模索することがセオリーとなります。

　しかし、実際、インターネット上のいじめ事案においては、名誉感情侵害構成しかとれない投稿が少なくなく、工夫が必要となります。この点について、筆者は以下のとおり考えます。

　前提として、上記最高裁判例が、名誉感情侵害の要件として、社会通念上許される限度を超えることを求めるのは、名誉感情に広く法的保護を及ぼせば、およそ人の自尊心を傷つけるだけで違法となり、他人についての自由な論評をすることができなくなってしまうからであると評釈されています[注1]。

　そして、裁判例に照らせば、ある投稿の内容が自由な論評として社会通念上許されるものであるか否かは、対象者の属性とその属性によって画される受忍限度の範囲によって大きく結論が異なります(東京高判平成28年4月21日D1-Law28241600、東京地判平成29年5月29日判例秘書L07231726)。

　例えば、対象者の属性と受忍限度の範囲について言及した裁判例である東京高判平成28年4月21日D1-Law28241600は、「北朝鮮と同じ」「若き職員の能力を奪うことが、何より犯罪である」等といったかなり厳しい内容の投稿がなされた事案で、町長の職に就く者はその政策や政治的手法に関する住民等からの批判を避けることができないものであることを考慮して、上記投稿が受忍限度内のものと解することが相当であると判示しました。

　他方、学校に在籍する児童又は生徒（以下「児童等」といいます。）については、いじめ防止対策推進法が、「いじめを受けた児童等の教育を受ける権利を著しく侵害し、その心身の健全な成長及び人格形成に重大な影響を与えるのみならず、その生命又は身体に重大な危険を生じさせるおそれがある」(同法1条)として、「いじめ」について特段の配慮をしています[注2]。

　具体的には、いじめ防止対策推進法は、「いじめ」の定義について、「児童

注1　岡上久道・坂本団編『Q＆A 名誉毀損の法律実務』(民事法研究会、2011年) 11頁

等に対し、当該児童等が在籍する学校に在籍している等当該児童等と一定の人的関係にある他の児童等が行う心理的又は物理的な影響を与える行為（インターネットを通じて行われるものも含む。）であって、当該行為の対象となった児童等が心身の苦痛を感じているものをいう。」と定め（同法2条）、「いじめ」を明確に禁止しています（同法4条）。

したがって、いじめ防止対策推進法4条が「いじめ」を明確に禁止している趣旨に照らせば、「いじめ」に該当する投稿については、その大部分が他人の自由な論評、つまり表現の自由の保護範囲を逸脱する内容であるといえ、名誉感情侵害の判断にあたり、児童等が受忍すべき範囲は、投稿の内容が著しく軽微な場合等、極めて限定的に解すべきであると考えます。

もっとも、「いじめ」の定義は、「児童等に対し、当該児童等が在籍する学校に在籍している等当該児童等と一定の人的関係にある他の児童等が行う心理的又は物理的な影響を与える行為（インターネットを通じて行われるものも含む。）であって、当該行為の対象となった児童等が心身の苦痛を感じているものをいう。」(同法2条) のであり、該当行為の客観的悪質性は問題とせず、あくまで被害児童等の主観を基準に判断されます（第183回国会参議委員文部科学委員会議事録第8号、中野洋昌議員発言）。

そのことから、一般閲覧者の普通の注意と読み方を基準とする名誉感情侵害の有無の判断に際しては、いじめ防止対策推進法2条の「いじめ」に該当するとしても、直ちに違法となるわけではなく、限定された受忍義務の範囲を前提として、社会通念上許される範囲を超えるか否かについて、別途、投稿内容の客観的悪質性を検討する必要があると考えます。

(4) 謝罪広告の可否

名誉毀損の場合は、民法723条により、損害賠償のほかに謝罪広告等の掲載を

注2　特に、インターネットを通じて行われる「いじめ」については、「発信された情報の高度の流通性、発信者の匿名性その他のインターネットを通じて送信される情報の特性を踏まえて」、特別の対策の推進が求められています（同法19条）。

求めることができますが、名誉感情侵害の場合はかかる請求は認められないと解されています（福岡地判令和3年1月22日ウエストロー2021WLJPCA1229003）。

3 プライバシー権

(1) プライバシーの概念

実務では、プライバシーの概念については、東京地判昭和39年9月28日判タ385号12頁が判示した「私生活をみだりに公開されないという法的保障ないし権利」と理解されています。

(2) 同定可能性

プライバシー権侵害は、本人以外の第三者との関係で生じるものであるところ（東京地判平成25年7月17日ウエストロー2013WLJPCA07178037）、第三者が対象者についての表現行為であると同定できることが必要です。

そして、同定可能性の基準については、名誉権侵害の場合と同様、「原告の属性の幾つかを知る者」が同定可能かというものになります（最判平成15年3月14日民集57巻3号229頁、東京地判平成11年6月22日判タ1014号280頁）。

(3) プライバシー該当性（プライバシー侵害該当性）

東京地判昭和39年9月28日判タ385号12頁は、プライバシー該当性の要件として、以下の三つを示しています。

> ① 私生活上の事実又は私生活上の事実と受け取られるおそれのある事柄であること（私事性）
> ② 一般人の感受性を基準にして、当該私人の立場に立った場合に公開を欲しないであろうと認められる事柄であること（秘匿性）
> ③ 一般の人々にいまだ知られていない事柄であること（非公知性）

①私事性 ②秘匿性の要件との関連では、「秘匿されるべき必要性が必ずしも高いものではない」氏名、住所、電話番号等の単純情報についても、プライ

バシー権に「自己の情報を自ら管理する権利」としての側面を見出すことで要件該当性を認めることは少なくありません（最判平成15年9月12日民集57巻8号973頁及び同調査官解説参照）。未成年者が対象者となった事案では、東京地判平成27年12月18日ウエストロー2015WLJPCA12188013は、「氏名、住所等の個人を識別する情報をみだりに公開されない利益は、不法行為法上保護に値する人格的利益であると解するのが相当であるところ、本件各記事の内容からは、原告の氏名、住所及び所属小学校名について、本件掲示板で公開すべき正当な理由は何らうかがわれず、他方、本件各記事の内容と合わせてこれらの情報を公開されることを望む者はいないというべきである。」と判示しており参考となります。なお、最高裁は、プライバシー権の内容として自己情報コントロール権が含まれるか否かについてまでは正面から判断していません（最判平成20年3月6日民集62巻3号665頁及び同調査官解説参照）。

　③非公知性の要件との関連では、インターネット上に既にプライバシー侵害に該当する投稿がされており、ネット炎上などにより、繰り返し同内容の投稿がされた場合、2回目以降の投稿が要件該当性を満たすか問題となります。この点については、2回目以降の投稿についても、書き込まれた掲示板等が異なる場合や同一の掲示板等に書き込まれていたとしても投稿が多数でより強調されている場合等には、おのずから1回目の投稿を読んでいない者の目にもとまることになるので、要件該当性を満たす余地は十分にあるといえます。

(4) プライバシー侵害の違法性

　ある投稿が、上記プライバシー該当性（プライバシー侵害該当性）の3要件を満たしたとしても、別途、違法性の有無については検討しなければなりません。

　最判平成15年3月14日民集57巻3号229頁は、「プライバシーの侵害については、その事実を公表されない法的利益とこれを公表する理由とを比較衡量し、前者が後者に優越する場合に不法行為が成立する」と判示しています。

　また、同判決では、比較衡量の要素として、対象者の年齢や社会的地位、伝達される範囲、具体的被害の程度、記事の目的や意義、公表する必要性などを挙げており参考になります。

　もっとも、インターネット上の投稿は、匿名性を利用した純然たる個人攻撃

であるものも少なくなく、裁判例では、詳細な比較衡量をせずに、「違法性阻却事由をうかがわせる事情は存在しない」という結論だけの判断がなされるものの方が多いようです。例えば、東京地判平成27年10月29日ウエストロー2015WLJPCA10298023は、「同記事に記載された原告の氏名、原告の子らの氏名及び原告の子らが通う小学校の名称を公表する必要性が、原告においてこれらを公表されない法的利益を上回るとはいえないから……違法性阻却事由の存在をうかがわせる事情は存在しない」と判示しています。

　なお、要件事実との関係では、プライバシー権侵害の違法性における比較衡量が、請求原因で主張されるべきものなのか[注3]、違法性阻却事由として抗弁で主張されるべきものなのか[注4]、見解がわかれています。

　前者であれば、請求原因で、プライバシー該当性3要件に加えて、公表されない法的利益が公表する理由を上回るという違法性の評価根拠事実を主張しなければなりません。抗弁では、公表する理由が公表されない法的利益を上回るという違法性の評価障害事実を主張することになります。

　後者であれば、請求原因で、プライバシー該当性3要件を主張し、抗弁で、公表する理由が公表されない法的利益を上回るという違法性阻却事由を主張することになります。

　もっとも、上記のとおり、投稿記事の削除の仮処分並びに発信者情報開示の仮処分及び訴訟では、違法性阻却事由が存在しないことを投稿記事の削除ないし発信者情報の開示を求める者が主張・立証又は疎明する必要があり、後者の見解をとったとしても比較衡量を仮処分の申立書ないし訴状の段階から主張していく必要があるのであり、少なくとも不法行為に基づく損害賠償請求に至るまでは両見解のいずれをとっても大きな差異はないように思われます。

注3　東京地判平成27年12月18日ウエストロー2015WLJPCA21288013等
注4　岡口基一『要件事実マニュアル 第2巻〈第5版〉』（ぎょうせい、2016年）586-588頁、東京地判平成27年10月29日ウエストロー2015WLJPCA10298023等

4 氏名権・アイデンティティ権

(1) 氏名権

　氏名は、その個人の人格の象徴であり、人格権の一内容を構成するものというべきであるから、人は、その氏名を他人に冒用されない権利を有し、これを違法に侵害された者は、加害者に対し、損害賠償を求めることができると解されており、氏名権は人格権として認められています(最判昭和63年2月16日民集42巻2号27頁、最判平成18年1月20日民集60巻1号137頁)。

　インターネット事件で氏名権を用いるのは、主になりすまし事案です。

　なりすまし事案においては、氏名権構成をとらずとも、なりすましに伴う行為を名誉権侵害やプライバシー権侵害として構成できるものも多くあります(東京地判平成30年8月9日ウエストロー2018WLJPCA08098013)。

　裁判例では、名誉権侵害やプライバシー権侵害と構成できないなりすまし事案について、氏名権構成で発信者情報開示請求を認めたものがあります(東京高判平成30年6月13日ウエストロー2018WLJPCA6136006)。

　また、上記裁判例は、「氏名でなく通称であっても、その個人の人格の象徴と認められる場合には、人は、これを他人に冒用されない権利を有し、これを違法に侵害された者は、加害者に対し、損害賠償を求めることができるというべきところ、前記前提となる事実によれば、「○○○」が控訴人の人格の象徴と認められることは明らかである」とし、氏名そのものではない通称についても冒用されない人格権を認めています (これを「氏名権」というかについては、同裁判例は明らかにしていません)。

(2) アイデンティティ権

　氏名以外にSNSのアカウント名等を冒用された場合についてどのように対応するかも問題となります。

　アカウント名は氏名そのものではないところ、氏名権ではなくアイデンティティ権という権利を主張することが考えられます。

　アイデンティティ権が主張された大阪地判平成29年8月30日ウエストロー2017WLJPCA08309007は、「個人が、自己同一性を保持することは人格的生存の前提となる行為であり、社会生活の中で自己実現を図ることも人格的生存

の重要な要素であるから、他者との関係における人格的同一性を保持すること
も、人格的生存に不可欠というべきである。したがって、他者から見た人格の
同一性に関する利益も不法行為法上保護される人格的な利益になり得ると解
される」とし、「他者から見た人格の同一性に関する利益」という人格権を認
めました。

　もっとも、上記裁判例は、これに続けて、「他者から見た人格の同一性に関
する利益の内容、外縁は必ずしも明確ではなく、氏名や肖像を冒用されない権
利・利益とは異なり、その性質上不法行為法上の利益として十分に強固なも
のとはいえないから、他者から見た人格の同一性が偽られたからといって直ち
に不法行為が成立すると解すべきではなく、なりすましの意図・動機、なりす
ましの方法・態様、なりすまされた者がなりすましによって受ける不利益の有
無・程度等を総合考慮して、その人格の同一性に関する利益の侵害が社会生
活上受忍の限度を超えるものかどうかを判断して、当該行為が違法性を有する
か否かを決すべきである」とし、氏名権に比して、権利性を弱く考え、受忍限
度を超える場合のみ違法になるとしています。

　結論として、上記裁判例は、「本件サイトの利用者は、アカウント名・プロ
フィール画像を自由に変更することができることからすると、社会一般に通用
し、通常は身分変動のない限り変更されることなく生涯個人を特定・識別し、
個人の人格を象徴する氏名の場合とは異なり、利用者とアカウント名・プロ
フィール画像との結び付きないしアカウント名・プロフィール画像が具体的な
利用者を象徴する度合いは、必ずしも強いとはいえないというべきである」等
の理由から、なりすましによる不法行為の成立を否定しています。

　現在までに、なりすまし事案において、アイデンティティ権侵害を認めた裁
判例は存在せず、裁判例の蓄積が待たれます（東京地判平成31年3月20日ウエ
ストロー2019WLJPCA03208020）。

5　肖像権

　東京地判昭和62年6月15日判時1243号54頁は、「何人も承諾していないのに
自己の容ぼう・姿態をみだりに撮影されこれを公表されないという法的利益」

を有していると判示しています[注5]。

　上記裁判例が判示しているとおり、肖像権は、①承諾なくみだりに撮影されない権利と②無断で公表されない権利の二つの側面があります。

　もっとも、無断撮影や無断公表が必ずしも違法となるわけではなく、「①当該写真の撮影及びウェブサイトへの掲載が公表の利害に関する事項と密接な関係があり、②これらが専ら公益を図る目的で行われ、③写真撮影及びウェブサイトへの掲載の方法がその目的に照らして相当なもの」がある場合には、違法性が阻却されます（東京地判平成17年9月27日判時1917号101頁）。

　仮処分で肖像権侵害を主張する場合には、上記違法性阻却事由の存在がうかがわれないことも主張すべきでしょう。

6　敬愛追慕の情

　前提として、人格権の主体は生存者であるところ、死者は私法上の名誉権を有しないと考えられています（斎藤博「故人に対する名誉毀損」判評228号33頁、東京地判平成23年4月25日ウエストロー2011WLJPCA 04258004）。

　もっとも、死者の名誉を毀損することで、遺族の名誉権を侵害したといえる場合には、遺族が権利者として、民事上の請求をすることができます。

　さらに、以下で詳述するとおり、遺族の名誉権を侵害したとまではいえない場合であっても、遺族の「敬愛追慕の情」を侵害したといえる場合には、遺族は、民事上の請求をする余地があります。

(1) 敬愛追慕の情の法律上保護された利益性

　東京地判平成23年4月25日ウエストロー2011WLJPCA04258004は、「遺族については、死者の死後も、死者の生存中の人格権が不法行為から保護されることを信頼し、期待すること（敬愛追慕の情）は、民法709条の法律上保護

注5　なお、同裁判例は、かかる法的利益がプライバシーに属するものであるとしています。

されるべき利益に該当するものと解するのが相当である。」と判示しています。

　また、東京地判平成22年12月20日ウエストロー2010WLJPCA12208003は、
「ある死者の遺族が当該死者に対して敬愛追慕の情を抱くことは自然なことで
あり、そのような感情を侵害されないことは、一種の人格的利益として法的保
護に値する。」と判示しています。

(2) 違法性の判断基準

　敬愛追慕の情の侵害の違法性の問題は、言い換えると、死者に対する「名
誉毀損的行為」が違法であるか否かという問題です。

　そこで、裁判例は、①死者が生存していた場合には、その者の名誉権を侵
害しているといえるか否か②遺族の受忍限度を超えるか否かを二段階で判断
しているものがあります。

ア　死者が生存していた場合には、その者の名誉権を
　　　侵害しているといえるか否か

　まず、死者が生存していた場合に、その者の名誉権を侵害しているか
否かを判断します。

　具体的には、死者が生存していた場合、その者の社会的評価を低下さ
せ、かつ、真実性の抗弁が成り立たないことが必要となります（東京地判
平成25年6月21日ウエストロー2013WLJPCA06218001）。

イ　遺族の受忍限度を超えるか否か

　東京地判平成22年12月20日ウエストロー2010WLJPCA12208003は、
「死者に対する遺族の敬愛追慕の情は、時の経過とともに軽減し、死者に
関する事実は、死の直後から時の経過とともに歴史的事実へ移行してゆ
くものであるから、死者に対する遺族の敬愛追慕の情の保護も、表現の
自由との関係において、一定の制約を受けることはやむを得ない。」「ある
死者に対する名誉毀損行為が不法行為上違法となるか否かは、当該死者
の死亡時から名誉毀損行為時までに経過した期間の長短、摘示された事
実の重大性、当該死者の社会的地位、名誉毀損行為の目的、態様、必要
性等を総合考慮して、当該死者の遺族の前記人格的利益の侵害が社会生
活上受忍の限度を超えるものか否かとの観点から判断すべきである。」と

判示しています。

　また、東京地判平成25年6月21日ウエストロー2013WLJPCA06218001
は、「当該故人の死亡時から名誉毀損行為時までに経過した時間の長短、
摘示された事実が虚偽であるか否か、行為者が虚偽であることの確定的
認識を有していたか否か、摘示された事実の重大性、名誉毀損行為の目
的、態様、必要性、当該故人の社会的地位及び遺族と当該故人との関係
などを総合考慮し、当該故人の遺族の人格的利益の侵害が受忍限度を超
えるものか否かの観点から判断するのが相当である。」と判示しています。

第5 削除請求

1 削除請求の法的根拠及び要件

(1) 法的根拠

　インターネット上の記事の削除請求の法的根拠は、人格権に基づく妨害排
除・予防請求権です。

　民法709条やプロバイダ責任制限法は根拠になりません。

　なお、著作権法・商標法等で定められた差止請求権を用いるケースもありま
すが、インターネット上のいじめで用いることはほとんどありませんので、本
書では触れません。

(2) 要件

　削除請求の要件は、人格権が違法に侵害されていることです。

　3章第4で解説したとおり、人格権ごとに侵害の違法性判断は異なりますの
で、主張する人格権に沿った検討が必要となります。

　なお、最大判昭和61年6月11日民集40巻4号872頁、東京高決平成16年3月
31日判時1865号12頁は、いずれも出版についての事前差止めの事件であり、

①表現内容が真実ではないかまたは専ら公益を図る目的のものでないことが明白であって②被害者が重大にして回復困難な損害を被るおそれがある場合という非常に厳しい要件を示しています。他方、インターネット上の削除請求は、既に投稿が完了しているので、事前差止めではないことから、上記判例で示されたような厳しい要件までを充足する必要はありません。

2 削除請求の相手方

削除請求の相手方は、当該投稿を削除できる者＝サーバの管理権限を有している者になります。

発信者

個人のブログ等であれば、発信者自身に削除請求することは当然できます。

もっとも、掲示板などでは発信者が自身の投稿を削除できないケースも少なくありません。

実務上は、発信者の特定ができていないこと、仮に特定できても発信者が削除する保証がないこと、そもそも発信者が削除できないサイトであることが多いこと等の理由から、発信者自身に削除請求することはほとんどありません。

サイト管理者

掲示板等のサイト管理者は、当該投稿をした者ではありませんが、サーバの管理権限を有しているので、条理上の削除義務が認められます。

サイト管理者の特定方法については、3章第3の2(2)で解説したとおり、Whoisを用いることになります。

サーバ運営者

サイトのデータが保存されているサーバの運営者も当然サーバの管理権限を有しているので、条理上の削除義務が認められます。

サーバ運営者の特定方法については、3章第3の2(3)で解説したとおり、ドメインから正引きしたサーバのIPアドレスをWhoisで検索して調べます。

検索エンジン

GoogleやYahoo!などの検索エンジンに対しても、当該投稿を検索結果から削除するように請求することができます。

Yahoo!は、2010年よりGoogleの検索エンジンを用いていますので、実際の相手方はGoogleにすべきであると考えます。

検索エンジンに対する削除請求は、サイト管理者やサーバ運営者に対する削除請求が困難な場合や問題記事が多数ありすべての問題記事に対して削除請求をすることが現実的ではないケースに有用です。

もっとも、検索エンジンに対する削除請求は、あくまで当該投稿を検索結果から削除するだけで、当該投稿自体を削除するものではないので、当該投稿のURLを入力すれば削除後も当該投稿を閲覧することはできる点に注意すべきです。

検索エンジンに対する削除請求については、法的にサイト管理者やサーバ運営者に対する削除請求とは異なる問題がありますので、その点については後述します。

③ 削除請求の方法

(1) ウェブフォーム・メールを用いた削除請求

サイトの中には、サイト内に削除のウェブフォームやメールフォーム（以下「ウェブフォーム等」といいます。）が備えられているものも少なくありません。

このような場合に、ウェブフォーム等から削除請求することは、迅速かつ費用も最小限に抑えることができるので非常に有用であることが多く、削除仮処分等の手続をとる前に試みるとよいでしょう。

ウェブフォーム等には、通常、氏名、連絡先、該当URL、削除を求める理由等を入力することになります。

削除を求める理由には、人格権侵害の内容（人格権の種類、同定可能性、権利侵害性、違法性阻却事由がないこと等）をある程度詳細に論じる必要があります。

　また、証拠を添付できる場合には、PDF化した証拠を送るということもありうるでしょう。

　もっとも、サイトによっては、削除請求に応じないだけでなく、削除請求をしたこと自体を公開するケースもあり、被害の拡大につながる危険があります。

　したがって、学校裏サイトなどの安全性が担保されていないサイトのウェブフォーム等に削除請求する場合には、個人情報を極力送らないようにするなど特段の注意を要します。

(2) テレコムサービス協会の書式による削除依頼（送信防止措置依頼）

　テレコムサービス協会（通称：テレサ協）とは、インターネットサービスプロバイダ、ケーブルテレビ、コンテンツプロバイダなどの事業者が集まった元総務省所管の一般社団法人です。

　テレコムサービス協会は、プロバイダ責任制限法の運用についてのガイドラインを制定しています。このガイドラインの中で削除依頼（送信防止措置依頼）のための書式も公開されおり、ダウンロードできます（通称：テレサ書式、http://www.isplaw.jp）。

　いわゆる大手サイトの管理者に対しては、内容証明郵便等で削除請求するより、テレサ書式で削除請求する方がスムーズに進むことが多いです。

　テレサ書式を送った場合の、管理者の対応は、以下の図のとおりです（http://www.isplaw.jp/stopsteps_p.html）（右ページ図参照）。

　発信者への照会手続については、登録なしに投稿できるサイト等であれば、照会することはできないため、照会されないまま削除の要否が判断されます。照会がされた場合に、7日以内に発信者から反論がない場合には削除されます[注6]。

注6　リベンジポルノの削除については、リベンジポルノ防止法4条により、照会期間
　　が2日に短縮されています。

テレサ書式の記載方法は、以下のとおりです（P76に掲載）。

宛名については、削除を依頼するサイト管理者等の名称を記載します。

「権利を侵害されたと主張する者」については、投稿の対象となっている者の住所、氏名、実印での押印等です。未成年者のいじめ事案であれば、未成年者の住所、氏名等の記載に加え、親権者の氏名も記載する方がよいでしょう。「連絡先」には、親権者の情報を記載してください。

「掲載されている場所」については、当該投稿のURLを記載してください。掲示板等であればレス番号も付記してください。

「掲載されている情報」については、当該投稿をコピー＆ペーストすればよいでしょう。

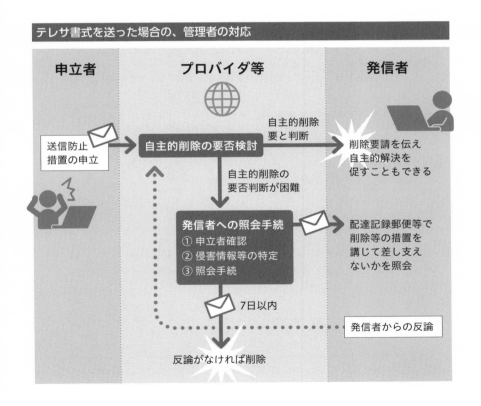

テレサ書式を送った場合の、管理者の対応

| 申立者 | プロバイダ等 | 発信者 |

送信防止措置の申立

自主的削除の要否検討

自主的削除 要と判断

削除要請を伝え自主的解決を促すこともできる

自主的削除の要否判断が困難

発信者への照会手続
① 申立者確認
② 侵害情報等の特定
③ 照会手続

配達記録郵便等で削除等の措置を講じて差し支えないかを照会

7日以内

発信者からの反論

反論がなければ削除

年　　月　　日

[特定電気通信役務提供者の名称]　御中

[権利を侵害されたと主張する者]
　　住所
　　氏名　　（記名）　　　　　　　　　　　　　　印
　　連絡先　（電話番号）
　　　　　　（e-mail アドレス）

侵害情報の通知書　兼　送信防止措置依頼書

　あなたが管理する特定電気通信設備に掲載されている下記の情報の流通により私の権利か侵害されたので、あなたに対し当該情報の送信を防止する措置を講じるよう依頼します。

記

掲載されている場所	**URL：**
	その他情報の特定に必要な情報：（掲示板の名称、掲示板内の書き込み場所、日付、ファイル名等）
掲載されている情報	例）私の実名、自宅の電話番号、及びメールアドレスを掲載した上で、「私と割り切ったお付き合いをしませんか」という、あたかも私が不倫相手を募集しているかのように装った書き込みがされた。
侵害情報等　侵害されたとする権利	例）プライバシーの侵害、名誉毀損
権利が侵害されたとする理由（被害の状況など）	例）ネット上では、ハンドル名を用い、実名及び連絡先は非公開としているところ、私の意に反して公表され、交際の申込やいやがらせ、からかいの迷惑電話や迷惑メールを約〇〇件も受け、精神的苦痛を被った。

上記太枠内に記載された内容は、事実に相違なく、あなたから発信者にそのまま通知されることになることに同意いたします。

	発信者へ氏名を開示して差し支えない場合は、左欄に〇を記入して下さい。〇印のない場合、氏名開示には同意していないものとします。

「侵害されたとする権利」については、名誉権やプライバシー権と記載してください。

「権利が侵害されたとする理由（被害の状況など）」については、人格権侵害の内容（人格権の種類、同定可能性、権利侵害性、違法性阻却事由がないこと等）を詳細に論じる必要があります。証拠についても、可能な限り添付してください。

テレサ書式と一緒に送る書類は、当該投稿の印刷物（URLが記載されたもの）、印鑑登録証明書、本人確認書類（パスポートや免許証のコピー等）です。権利侵害をされた者が未成年で、親権者が削除依頼を出す場合には、戸籍謄本も送るとよいでしょう。また、弁護士の本人確認書類（弁護士会発行の身分証明書の写しや職印の印鑑証明書）が求められることもあります。

テレサ書式の送付を受けたサイト管理者等は、発信者を特定できる場合には照会手続をとります。この照会手続を通じて、発信者による自主的な削除を促せることもあります。

もっとも、テレサ書式による削除依頼はあくまで送信防止措置「依頼」なので、強制力はありません。また、削除されるケースであっても、1ヶ月以上を要することも少なくありません。

(3) 削除請求仮処分

任意の削除に応じてもらえなかった場合には、迅速に削除をするために、民事訴訟ではなく、削除の仮処分（仮の地位を定める仮処分）を裁判所に申し立てることが一般的です（民事保全法（以下「民保」といいます。）23条2項）。

裁判所から削除の仮処分命令が発令されれば、基本的には、債務者は削除に応じ、当該記事が復活することもないことから、その時点で削除の目的は達成され（満足的仮処分といわれます）、削除の民事訴訟を提起することはほとんどないといってよいでしょう。

削除請求仮処分は、概ね1ヶ月程度の時間を要します。

ア　管轄

削除請求の仮処分は、本案の管轄裁判所に申し立てることになります（民保12条）。

本案の管轄裁判所は、債務者の普通裁判籍の所在地を管轄する裁判所（民保7条、同11条・民事訴訟法（以下「民訴」といいます。）4条）と不法行為があった地を管轄する裁判所（民訴5条9号）が考えられます。

　同条の「不法行為があった地」には、不法行為が行われた地のほか、不法行為の結果が発生した地も含まれると解されています。

　そして、インターネットを通じた人格権侵害の場合、インターネットを閲覧できるあらゆる場所で人格権侵害が行われているといえ、当然、債権者も自己の住所地で当該投稿を閲覧できることから、債権者の住所地を不法行為の結果が発生した地として管轄が認められることになっています（東京地決平成17年1月31日判タ1191号339頁）。

　なお、債務者が国際裁判管轄が認められる外国法人である場合についても、削除の仮処分の場合には、日本の裁判所に国際裁判管轄が認められます。

イ　被保全権利

　被保全権利は、人格権に基づく妨害排除請求としての削除請求権です。

ウ　申立の趣旨

　申立の趣旨は、「債務者は別紙投稿記事目録記載の各投稿記事を仮に削除せよ」です。

　別紙投稿記事目録については、問題となっているサイトに記載されている項目に沿って記載する必要があります。

　主な記載事項については、記事のURL、記事のタイトル、記事のレス番号、記事の内容、投稿日時等です。

エ　申立の理由

　申立人の理由では、主に以下の内容を記載します。

（ア）　債権者

　　債権者については、単に紹介にとどまらず、同定可能性や人格権侵害の違法性判断に影響を与えるので、詳細に記載してください。

（イ）　債務者

　　債務者については、発信者、サイト管理者、サーバ運営者等のいずれかを疎明資料を付して記載します。

（ウ）　当該投稿の内容

　　　　当該投稿の内容をコピー＆ペーストしてください。

　　　　当該投稿の意味内容を特定する場合には、前後の文脈等も加味して、一般読者の普通の注意と読み方を基準として判断します（最判昭和31年7月20日民集10巻8号1059頁）。

　　　　なお、名誉権侵害の場合は、①当該投稿の意味内容を一般読者の普通の注意と読み方を基準として確定し（最判昭和31年7月20日民集10巻8号1059頁）②その意味内容が一般の読者の普通の注意と読み方を基準として社会的評価を低下させているか（最判平成24年3月23日判タ1369号121頁）という二段階で検討することになります。

（エ）　同定可能性

　　　　同定可能性については、名誉権侵害の場合、プライバシー権侵害の場合で特に異なるところはありません。

　　　　もっとも、名誉感情侵害の場合は同定可能性の要否について若干の見解の相違があることについては3章第4の2（2）のとおりです。

（オ）　人格権が違法に侵害されていること

　　　　人格権が違法に侵害されていることについては、人格権ごとに異なる判断基準があり、3章第4のとおりです。

　　　　注意が必要なのは、削除仮処分においては、「ウェブサイトの管理・運営者は、通常、表現内容の真実性等の事実関係に関する資料を保有していないことや、手続的保障が十分とはいえない仮処分における表現行為の抑制であることなどから」（東京地判平成30年4月26日判時2416号21頁〈参考収録〉）、違法性阻却事由を窺わせる事情がないことの疎明を債権者がしなければなりません。

　　　　他方、責任阻却事由は発信者の主観にかかわるものなので、責任阻却事由を窺わせる事情がないことについての疎明は必要とされていません。

オ　保全の必要性

　　　保全の必要性は、当該投稿がインターネットで広く公開されており、人格権侵害が継続しており、直ちに削除する必要があることを記載すれば

十分です。

　当該投稿記事により、登校拒否になっている等の深刻な人格権侵害の結果が生じている場合には、陳述書を証拠としてその点を主張することもあり得ます。

カ　疎明資料

　削除仮処分の主な疎明資料は以下のとおりです。

（ア）　対象記事のスクリーンショット等

　上述のとおり、対象記事の存在を疎明する資料としては、必ずURLが記載されているものを提出してください。

（イ）　陳述書

　対象記事の違法性の理由についての陳述書を提出するのが一般的です。特に、違法性阻却事由を窺わせる事情がないことについては、客観的な資料がないケースでは陳述書で疎明していくことになります。

（ウ）　Whoisの検索結果

　サイト管理者については、ウェブサイトに記載されていることも少なくありませんが、そのような場合であってもWhoisの検索結果の提出を求められることが多いです。

キ　債権者面接

　東京地方裁判所及び大阪地方裁判所においては、原則として、全件について債権者面接をします。

　東京地裁の場合には、3日以内で10時、13時30分、14時の3枠で債権者面接をします。

　債権者面接の際には、原本として提出した疎明資料の確認や申立書の補正を行いますので、原本として提出した疎明資料の原本と印鑑（弁護士であれば職印）を持参してください。

　債権者面接は、通常1回で終わりますが、裁判官から不明点の説明を求められる場合には続行期日が設けられることもあります。

ク　呼び出し

　債権者面接が終了すると、双方審尋期日の日程を決めることになります。通常、約1週間後に設定されますが、債務者が外国法人の場合は、呼

出し期間の関係でEMS(国際スピード郵便)での送達ができる場合には約2〜3週間後、EMSでの送達ができない場合には6ヶ月以上先に設定されることもあります。

そして、双方審尋期日が決まったら、裁判所から債務者に対して呼出状を送ることになります。債務者が国内法人の場合には、切手と債務者の宛名シールを持参するとよいでしょう。

債務者がアメリカやヨーロッパの外国法人である場合にはEMSで送られることになり、債権者が呼出状の英訳をして裁判所に提出することになります。他方、送達条約未加盟国であるフィリピンなどの外国法人である場合にはEMSでの送達ができず、中央当局送達となります。

申立書類一式については、債権者面接後に、債権者が、債務者に直送する必要があります。債務者が外国法人である場合には、申立書類一式を英訳して、EMSで直送することになります。もっとも、債権者の代理人に日本の弁護士が就任することが明らかな場合は、証拠の英訳を免除されることもあります。

ケ 双方審尋

上記のとおり、削除の仮処分は、仮の地位を定める仮処分であり、必要的審尋です(民保23条4項本文)。

通常は1回で終わりますが、1週間に1回程度のペースで数回行われることもあります。

債務者が外国法人の場合であっても、双方審尋期日では日本の弁護士が代理人に就任することが多く、それ以降は提出資料の英訳は不要となります。

双方審尋期日の終了後に、裁判官から債権者だけが残るようにいわれた場合には、申立てに理由があると認められたと考えていいでしょう。

裁判官から、下記の担保の金額についての話があります。

コ 担保

申立てに理由があると認められた場合には、削除の仮処分の場合だと概ね30万円の担保決定がされます。削除を求める投稿の数が多い場合だと30万円以上になることもあります。

担保とは債務者の不法行為に基づく損害賠償請求権の担保ですが、債権者が担保を不要であると述べてくることもあります。

　　担保決定が出たら、可能であればそのまま法務局に向かい供託しましょう。

　　法務局に供託したら、供託書の正本を受け取り、裁判所に戻り、東京地方裁判所の場合は、供託書の写し、各目録を3通ずつ、送達用切手を提出します。

　　東京地方裁判所の場合、午前11時までに手続を終えれば、当日の午後4時に仮処分命令が発令されます。それ以降ですと、翌日の午後4時に仮処分命令が発令されます。

サ　仮処分命令の送達

　　仮処分命令は、当事者に送達されなければいけません（民保17条）。

　　債務者が外国法人であっても、日本の弁護士を代理人として選任して、弁護士事務所を送達場所に指定するケースが多いので、そのような場合には送達の問題は生じません。

シ　書式

【投稿記事削除仮処分命令申立書】……P83に掲載

【当事者目録】　　　　　　　　……P86に掲載

債務者に代理人が就いたら代理人名及び代理人の住所を付け加えた当事者目録を作り直し、決定が発令される前に提出しましょう。

【投稿記事目録】　　　　　　　……P87に掲載

4　削除完了後の事後処理

　　サイトの投稿自体が削除されたとしても、Googleの検索エンジンの検索結果には、投稿内容のタイトル、スニペット（タイトルの下に表示される概要文）、画像が表示されることがあります。

　　これは、サイトの変更とGoogleのキャッシュ（サイトのバックアップ情報）の更新に時間差があることで生じています。

　　そのままにしていても、いずれGoogleのキャッシュが更新されれば検索結

投稿記事削除仮処分命令申立書

年　　月　　日

東京地方裁判所民事第９部　御中

債権者代理人弁護士　　○○

当事者の表示　　別紙当事者目録記載のとおり

仮処分により保全すべき権利

人格権に基づく妨害排除又は妨害予防の請求権としての削除請求権

申立の趣旨

　債務者は、別紙投稿記事目録記載の各情報を仮に削除せよ

との裁判を求める。

1

83

申立の理由

第1　被保全権利

1　当事者

（1）　債権者

債権者は、○○である。

（2）　債務者

債務者は、電気通信事業等を業とする株式会社である（甲1）。

債務者は、インターネットでの閲覧可能な○○（以下「本件サイト」という。）を運営・管理し、そのシステムを管理する者である（甲2、甲3）

2　債権者に対する権利侵害

（1）　本件投稿の存在

本件サイト上には、別紙投稿記事目録記載の投稿記事が存在し、インターネットを通じて不特定多数人に公開されている（甲4）。

本件投稿の具体的な内容は以下のとおりである。

口コミ対象：「○○」

口コミのタイトル：「○○」

口コミの本文：「○○」

（2）　同定可能性

同定可能性については、債権者の属性の幾つかを知る者にとって同定可能であれば足りる（東京地判平成11年6月22日判時1691号91頁「石に泳ぐ魚」事件）。

本件投稿には、○○や○○という債権者の属性が記載されているところ、債権者の属性の幾つかを知る者が、本件投稿を見た際に、「○○」が債権者であると認識することは容易であることから、本件投稿には、同定可能性が認められる。

（3）　人格権侵害

ア　債権者に対する名誉権侵害

名誉権侵害の有無については、投稿内容を、一般の読者の普通の注意と読み方を基準として解釈した場合に読み取ることができる事実摘示を前提に、社会的評価の低下の有無を判断する（最判昭和31年7月20日民集10巻8

2

号1059頁）。

 （ア）　事実の摘示

   本件投稿は、一般の読者の普通の注意と読み方を基準とすると、○○という事実を摘示するものである。

 （イ）　社会的評価の低下

   そして、○○という事実が摘示されれば、一般の読者に○○という印象を与え、債権者の社会的評価が低下することは疑いようもなく、本件投稿は債権者の社会的評価を低下させることは明らかである。

 イ　**違法性阻却事由の存在をうかがわせる事情の不存在**

  債権者が○○したことは一切なく、本件投稿の内容は虚偽である（甲5）。

  また、何らの具体的根拠を示すことなく、一方的に、私人である債権者を○○と断定する本件投稿内容からすれば、本件投稿に公益性、公益目的が存するとは到底いえない。

3　債務者の削除義務

 債務者は、本件掲示板を管理・運営している以上、削除権を有するとともに、債権者の人格権に基づく削除請求権に対応した条理上の削除義務を負っている。

4　結論

 したがって、債権者は、債務者に対し、被保全権利として人格権に基づく削除請求権を有する。

第2　保全の必要性

 本件投稿は、インターネット上で広く公開され、誰でも閲覧可能な状態にあり、債権者の人格権が侵害され続けている状態である。

 したがって、早急に本件投稿が削除される必要があり、保全の必要性が認められることは明らかである。

以上

3

当事者目録

〒○○
東京都～

債権者　　　　　　　　　○○

〒○○
東京都～

債権者法定代理人親権者母　○○

〒○○
東京都～

債権者法定代理人親権者父　○○

〒○○
東京都～（送達場所）

　　　　　　　　　　　　　　　　法律事務所
電話　○○
FAX　○○
債権者代理人弁護士　　　○○

〒○○
東京都～

債務者　　　　　　　　　○○
上記代表者代表取締役　　○○

債務者に代理人が就いたら代理人名及び代理人の住所を付け加えた当事者目録を作り直し、決定が発令される前に提出しましょう。

投稿記事目録

閲覧用 URL	
投稿日時	
投稿内容	

　果からも消えますが、場合によっては数ヶ月間表示され続けるということもあります。

　そこで、削除が完了したら、速やかに、Googleへキャッシュの更新を強制させることが必要です。

　具体的には、Googleのフォーム (https://search.google.com/search-console/remove-outdated-content?utm_source=wmx&utm_medium=report-banner&utm_content=removals) に削除が完了したことを入力し、キャッシュの削除申請をすることになります。

5　検索エンジンに対する削除請求

　上記のとおり、投稿内容が拡散されてしまい、すべてのウェブサイトに対する削除請求が現実的でない場合等には、検索エンジンに対して、検索結果の削除を求めるという方法があります。

　具体的には、Google,LLC. に対して、削除の仮処分を申し立てることになります。なお、上記のとおり、Yahoo!の検索結果はGoogleの検索結果と連動しているため、Googleに対する削除請求が認められれば、Yahoo!の検索結果からも削除される形になります。

この点については、最高裁決定があり、「検索事業者が、ある者に関する条件による検索の求めに応じ、その者のプライバシーに属する事実を含む記事等が掲載されたウェブサイトのURL等情報を検索結果の一部として提供する行為が違法となるか否かは、当該事実の性質及び内容、当該URL等情報が提供されることによってその者のプライバシーに属する事実が伝達される範囲とその者が被る具体的被害の程度、その者の社会的地位や影響力、上記記事等の目的や意義、上記記事等が掲載された時の社会的状況とその後の変化、上記記事等において当該事実を記載する必要性など、当該事実を公表されない法的利益と当該URL等情報を検索結果として提供する理由に関する諸事情を比較衡量して判断すべきもので、その結果、当該事実を公表されない法的利益が優越することが明らかな場合には、検索事業者に対し、当該URL等情報を検索結果から削除することを求めることができるものと解するのが相当である。」と判断しています（最決平成29年1月31日民集71巻1号63頁）。

　つまり、当該事実を公表されない法的利益と当該URL等情報を検索結果として提供する理由に関する諸事情を比較衡量して判断されることになります。

　上記の「明らか」とは、安易に検索結果の削除は認められるべきではないという意味であり、「削除請求の範囲を必要以上に狭くする趣旨ではない。」といわれています（関述之・小川直人「インターネット関係仮処分の実務」一般社団法人金融財政事情研究会132頁）。

　しかし、上記最高裁決定以降、検索結果の削除請求はことごとく退けられ、札幌地判令和元年12月12日ウエストロー2019WLJPCA1216001でプライバシー権侵害を理由とした削除請求が認められ話題になりました。

　また、上記最高裁決定は、あくまでプライバシー権侵害を理由とした事案にのみ射程が及び、名誉権侵害等の事案においては別途判断基準を検討しなければなりません。

　名誉権侵害を理由とした検索結果削除の判断基準について、最高裁の判断はありませんが、裁判例では以下のようなものがあります。

(1) 昭和61年判決（北方ジャーナル事件）[注7]構成

　大阪高判令和元年5月24日ウエストロー2019WLJPCA05246005は、「人格

権としての名誉権に基づき検索事業者による検索結果の削除を求めることができるのは、昭和61年判決に準じて、検索結果の提供が専ら公益を図るものでないことが明らかであるか、当該検索結果に係る事実が真実ではないことが明らかであって、かつ、被害者が重大にして回復困難な損害を被るおそれがあると認められる場合に限られるというべきであり、その主張及び立証の責任は被害者が負うというべきである」と判示しています。

東京高判平成30年8月23日判例時2391号14頁も同趣旨の判断です。

(2) 真実性の抗弁と比較衡量の混合構成

大阪地判平成30年7月26日ウエストロー2018WLJPCA07266004は、「名誉毀損とされる表現行為が公共の利害に関する事実について専ら公益を図る目的でなされた場合、摘示された事実が真実であることが証明されたときには違法性がなく、当該事実が真実であることが証明されなくても、その行為者においてその事実を真実と信ずるについて相当の理由があるときには故意又は過失がないものと解される（最高裁昭和37年（オ）第815号同41年6月23日第一小法廷判決・民集20巻5号1118頁参照）ことからすれば、ある者の名誉に関する事実を含む記事等が上記の違法性がなく又は故意若しくは過失がないものと認められる場合に該当するときは、当該ウェブサイトにおける記事等の掲載及びこれに対するアクセスを制限すべき理由はなく、検索事業者は、当該ウェブサイトのURL等情報の削除義務を負わないというべきである」とし、検索事業者が真実性の抗弁を主張・立証できた場合には、削除義務は負わないとしました。

さらに、仮に、検索事業者が、真実性の抗弁を主張・立証できなくても、直ちに削除義務を負うわけではなく、「プライバシーに属する事実についての判断基準と同様に、諸事情を比較衡量し、その結果、名誉に関する当該事実を公表されない法的利益が当該URL等情報を検索結果として提供する理由に優越することが明らかな場合に限り、検索事業者が当該URL等情報を検索結果から削除する義務を負うと解するのが相当である」と判示しています。

注7　最大判昭和61年6月11日民集40巻4号872頁

東京高判平成31年2月27日ウエストロー2019WLJPCA02276012も、「検索事業者に検索結果の削除義務が生じるのは、名誉権を侵害する事実摘示について、①公共性もしくは公益目的の不存在、又は、真実でないことのいずれかが明らかであって、かつ、②削除請求者の公表されない法的利益が検索結果を提供する法的利益よりも優越することが明らかと認められる場合に限られる。」と判示しています。

　なお、同裁判例は、検索結果の削除は、事前抑制そのものではなく、あくまで「事前抑制的」なものであり、「重大にして回復困難な損害を被るおそれ」の要件は不要と判示しており、前記大阪高判令和元年5月24日ウエストロー2019WLJPCA05246005より、緩やかな要件を用いています。

第6 発信者の特定

1 発信者の特定の全体像

　発信者の特定には、通常、①サイト管理者やサーバ運営者（以下「サイト管理者等」といいます。）に対して、IPアドレス等の開示請求を行い（第1段階）②サイト管理者等から開示されたIPアドレス等から経由プロバイダ（インターネットに接続する回線を提供する業者）を特定し③経由プロバイダに対して、発信者の住所や氏名の開示請求を行います（第2段階）。

　つまり、発信者を特定するまでには、通常、サイト管理者等に対するIPアドレスの開示請求と経由プロバイダに対する発信者の住所や氏名の開示請求の2段階の請求を踏むことになります。

　発信者情報開示には、概ね6ヶ月程度の時間を要します。

2 発信者情報開示請求

(1) 法的根拠

発信者情報開示請求の法的根拠は、特定電気通信役務提供者の損害賠償責任の制限及び発信者情報の開示に関する法律（プロバイダ責任制限法）4条第1項です。条文は以下のとおりです。

（発信者情報の開示請求等）

第4条 特定電気通信による情報の流通によって自己の権利を侵害されたとする者は、次の各号のいずれにも該当するときに限り、当該特定電気通信の用に供される特定電気通信設備を用いる特定電気通信役務提供者（以下「開示関係役務提供者」という。）に対し、当該開示関係役務提供者が保有する当該権利の侵害に係る発信者情報（氏名、住所その他の侵害情報の発信者の特定に資する情報であって総務省令で定めるものをいう。以下同じ。）の開示を請求することができる。

一 侵害情報の流通によって当該開示の請求をする者の権利が侵害されたことが明らかであるとき。

二 当該発信者情報が当該開示の請求をする者の損害賠償請求権の行使のために必要である場合その他発信者情報の開示を受けるべき正当な理由があるとき。

---

(2) 発信者情報開示請求の要件

ア 相手方が開示関係役務提供者であること

「開示関係役務提供者」（同法4条）とは、権利を侵害したとされる情報が流通する特定電気通信の用に供される特定電気通信設備を用いる特定電気通信役務提供者のことです。

「特定電気通信」とは、「不特定の者によって受信されることを目的とする電気通信の送信」（同法2条1項）のことと定義されています。具体的には、インターネット上のウェブページや電子掲示板等のことを指します。重要なのは、「不特定」という限定があり、電子メール、LINE、Twitter

等のダイレクトメールは、一対一の通信なので、大量に送信されたとしても、「特定電気通信」には含まれず、同法に基づき開示請求はできません（東京地方裁判所プラクティス委員会第一小委員会著「名誉毀損訴訟解説・発信者情報開示請求解説」判タ1360号28頁）。

「特定電気通信設備」(同法2条2項) とは、特定電気通信の用に供される電気通信設備のことです。具体的には、ウェブサーバやルーター等のことを指します。

「特定電気通信役務提供者」(同法2条3項) は、具体的には、サイト管理者、サーバ運営者、経由プロバイダ（最判平成22年4月8日民集64巻3号676頁）等のことを指します。

イ 当該開示関係役務提供者が発信者情報を保有していること

同法では、開示対象となる発信者情報は、開示関係役務提供者が「保有」するものに限定しています。

「保有」とは、法律上又は事実上、あるものを自己の支配下に置いている状態のことを指す用語で、「当該開示関係役務提供者が当該発信者情報について開示することのできる権限を有する」ことを意味します。

つまり、委託した第三者の管理するサーバ内にデータが存在する場合であっても「保有」に含まれることになります。

他方、開示関係役務提供者の内部に存在する発信者情報であっても、抽出のために莫大なコストを要する場合には「保有」するといえません。

なお、開示関係役務提供者に発信者情報の保存を義務付ける法律はなく、保存の有無及び期間は、開示関係役務提供者の判断に委ねられています。

ウ 権利侵害の明白性

同法4条1項は、「権利が侵害されたことが明らかであるとき」という要件を定めており、権利侵害の明白性の要件といわれています。

「権利」とは、民法709条の「権利」と同義で、3章第4で詳述した名誉権、プライバシー権などが含まれます。

「明らか」とは、権利の侵害がなされたことが明白であるという趣旨であり、違法性阻却事由の存在を窺わせるような事情が存在しないことま

で含まれます。疎明の程度については、高度の疎明が必要といわれています（須藤典明著『リーガル・プログレッシブ・シリーズ　民事保全　4訂版』青林書院193頁）。

他方、名誉権侵害における相当性の抗弁のような責任阻却事由の存在を窺わせるような事情が存在しないことについては、発信者が特定されていない段階で発信者の主観についてまで主張・立証又は疎明させることは不相当であることから、「明らか」には含まれないものと解されています。

エ　開示を受ける正当理由

同法4条1項は、「当該発信者情報が当該開示の請求をする者の損害賠償請求権の行使のために必要である場合その他発信者情報の開示を受けるべき正当な理由があるとき」という要件を定めており、開示を受ける正当な理由といわれています。

開示を受ける正当な理由とは、開示請求者が発信者情報を入手することの合理的な必要性が認められることを意味します。

具体的には、発信者に対する、損害賠償請求、削除請求、謝罪広告等の名誉回復措置請求等を行う場合が挙げられます。

実際には、この要件が問題になることはほとんどありません。

(3) 開示請求できる発信者情報

発信者情報開示請求で開示を請求できる発信者情報は、同法4条1項に基づくプロバイダ責任制限法4条第1項の発信者情報を定める総務省令によって限定列挙されています。

ア　発信者その他侵害情報の送信に係る者の氏名又は名称（省令1号）

発信者の氏名又は名称は、発信者を直接特定する情報です。

「その他侵害情報の送信に係る者」とは、発信者が所属する組織の通信端末を用いて侵害情報を発信した場合の組織のことを指します。

イ　発信者その他侵害情報の送信に係る者の住所（省令2号）

ウ　発信者の電話番号（省令3号）

令和2年8月31日の総務省令の改正により新たに開示が認められるようになった情報です。

従前は、開示が認められていた「電子メールアドレス」に電話番号と一致するSMSメールアドレスが含まれるか否かという大きな争点がありましたが、省令の改正によりこの争点はなくなりました。

電話番号まで把握しているサイト管理者等は少数かと思われますが、電話番号の開示ができれば、当該電話番号の契約者をキャリアに弁護士会照会することで、比較的容易に発信者を特定できる余地があります。なお、電気通信事業における個人情報保護に関するガイドラインの解説62頁には、発信者情報開示請求権に基づき開示された電話番号についてキャリアに契約者の弁護士会照会をすることは通信の秘密を侵害するものではないと記載されています。

もっとも、注意が必要なのは、電話番号は氏名や住所と同様、発信者を直接的に特定できる情報であることやログの保存期間という問題と無関係であることから、仮処分の保全の必要性が認められず、本案訴訟により開示を求める必要がある点です。

エ　発信者の電子メールアドレス（省令4号）

電子メールアドレスについても、発信者を直接的に特定できる情報であることから、仮処分ではなく本案訴訟で開示を求める必要があります。

オ　侵害情報に係るIPアドレス及びポート番号（省令5号）

（ア）　IPアドレス

3章第2で詳述したとおり、IPアドレスとは、インターネットに接続された個々のコンピュータ等に割り当てられる識別番号です。

例えば、匿名の電子掲示板の管理者は、発信者の氏名や住所は把握していませんが、電子掲示板のサーバには、発信者のパソコンやスマートフォンに割り当てられたIPアドレスと情報発信された年月日及び時刻（タイムスタンプ）が一定期間保存されていることが多いです。

IPアドレスから直ちに発信者の氏名や住所を割り出すことはできません。

しかし、IPアドレスは、経由プロバイダごとに割り当てられており、IPアドレスがわかればWhoisを用いて発信者がどの経由プロバイダを用いたかを割り出すことができます。

経由プロバイダを特定できれば、経由プロバイダに対して契約者である発信者の氏名や住所の開示を求める訴訟を提起することになります。

（イ）　ポート番号

ポート番号とは、コンピュータが通信に使用するプログラムを識別するための番号です。

本来、IPアドレスがわかればどのコンピュータからの通信か特定できますが、当該コンピュータのどのプログラムにパケット（情報）を届けるかはIPアドレスでは特定できません。

そこで、どのプログラムにパケットを届けるかを決定するために用いるのがポート番号です。

現在は、IPアドレス数の限度から、同一のIPアドレスを複数のコンピュータが共有することがあり、その場合に、経由プロバイダは、IPアドレスに加えてポート番号で発信者の特定を行っています。

したがって、ポート番号は、プログラムの識別だけでなく、発信者の特定にも有用なものなので、開示対象の情報となっています。

もっとも、ポート番号を記録しているウェブサイトはほとんどないことから、開示されることはまずありません。

カ　侵害情報に係る携帯端末等からのインターネット接続サービス利用者識別符号（省令6号）

スマートフォン以外の携帯電話を使用してインターネットを利用する場合に携帯電話事業者から付与される番号です。

株式会社NTTドコモのiモードID、KDDI株式会社のEZ番号、ソフトバンクモバイル株式会社のユーザーIDなどがこれに該当します。

携帯電話事業者によっては、インターネット接続サービス利用者識別符号があれば、タイムスタンプを確認することなく、発信者が特定できる場合があります。

キ　侵害情報に係るSIMカード識別番号（省令7号）

SIMカードとは、携帯電話事業者との間で、発信者を特定するための情報が記録されているICカードです。

携帯電話による通信の場合、IPアドレスは1秒未満の間に次々と異なる携帯電話に割り振られることがあり、IPアドレスとタイムスタンプだけでは、発信者が特定できないことがあるため、開示の必要性が認められた情報です。

　　SIMカード識別番号がわかれば発信者の特定に非常に役立ちますが、残念ながら、同情報を記録しているサイト管理者等はほとんどなく、実務的に用いられることは少ないのが現状です。

ク　侵害情報が送信された年月日及び時刻 (省令8号)

　　いわゆるタイムスタンプと呼ばれるものです。

　　IPアドレス数には限度があるため、一般的に、経由プロバイダは、インターネットの接続のたびに、利用者に異なるIPアドレスを割り当てます。

　　そのため、経由プロバイダが発信者を特定するためには、IPアドレスだけでなく、タイムスタンプが必要となります。

　　タイムスタンプの表記は、様々なものがあり、標準的なものとしては、例えば、「2020-01-01T22：00」といったものであり、これは、2020年1月1日22時を意味します (「T」はTimeです)。

　　また、タイムスタンプの最後に「UTC」という文字がある場合には注意してください。「UTC」とは協定世界時のことで、TwitterやFacebookが開示してくる際に用います。経由プロバイダに発信者情報開示をする場合には、＋9時間をして、日本時間に修正する必要があります。

3 サイト管理者等に対するIPアドレス等の発信者情報開示請求 (第1段階)

　通常、発信者は、経由プロバイダとプロバイダ契約をして、当該経由プロバイダを通してインターネットに接続し、ウェブサイトにアクセスしています。

　そのため、一般的には、侵害情報が書き込まれたウェブサイトのサイト管理者は、発信者の住所や氏名は把握しておらず、経由プロバイダのIPアドレスやタイムスタンプしか把握していません。

　そこで、発信者の特定にあたっては、第1段階として、サイト管理者等に対

して、IPアドレスやタイムスタンプ等のアクセスログの開示を求めていくことになります。

(1) テレサ書式による発信者情報開示依頼

　サイト管理者等に対するIPアドレス等の発信者情報開示についても、テレサ書式が用意されています。記載方法等については、3章第5の3(2)を参考にしてください。

　しかし、プロバイダ責任制限法においては、発信者情報を非開示とした場合のサイト管理者等の責任制限規定は定められているものの（同法4条4項の軽過失免責）、発信者情報を任意開示した場合の責任制限規定は定められていないことから、実際にテレサ書式によって発信者情報が開示されることはほとんどないように思われます。

　もっとも、筆者は、「死ね」等の自殺を教唆するような悪質ないじめ事件において、サイト管理者等から任意で発信者情報の開示を受けたことはあるので、必ずしも活用できないとまではいえないでしょう。

　テレサ書式を用いるにあたって最も注意が必要なのは、回答までに1ヶ月以上を要することがある点です。後述するとおり、経由プロバイダは、アクセスログを3ヶ月から6ヶ月程度しか保存していません。仮に、テレサ書式を送ってから約1ヶ月後に非開示の回答が届いた場合、そこから、サイト管理者等に発信者情報開示請求仮処分を申し立てると、アクセスログの保存期間中に経由プロバイダの特定が間に合わなくなる可能性があります。

　このような理由から、サイト管理者等に対する発信者情報開示依頼にテレサ書式を用いることはほとんどないのが実情です。

　ただ、後述するとおり、サイト管理者からIPアドレス等の開示を受けた後に、経由プロバイダに対してログの保存を求めるためにはテレサ書式は有効な手段となります（P98の書式参照）。

(2) 発信者情報開示請求仮処分

ア　概要

　　サイト管理者等が任意にアクセスログの開示に応じない場合には、法

年　　月　　日

御中

［ 権利を侵害されたと主張する者 ］
住所
氏名　　（記名）　　　　　　　　　　　　　印
連絡先　（電話番号）
　　　　（e-mailアドレス）

発信者情報開示請求書

　貴社が管理する特定電気通信設備に掲載された下記の情報の流通により、私の権利が侵害されたので、特定電気通信役務提供者の損害賠償責任の制限及び発信者情報の開示に関する法律（プロバイダ責任制限法。以下「法」といいます。）第4条第1項に基づき、貴社が保有する、下記記載の、侵害情報の発信者の特定に資する情報（以下、「発信者情報」といいます。）を開示下さるよう、請求します。

　なお、万一、本請求書の記載事項（添付・追加資料を含む。）に虚偽の事実が含まれており、その結果、貴社が発信者情報を開示された契約者等から苦情又は損害賠償請求等を受けた場合には、私が責任をもって対処いたします。

記

貴社が管理する 特定電気通信設備	
掲載された情報	
侵害情報等	侵害された権利	
	権利が明らかに 侵害されたとする理由	
	発信者情報の開示を 受けるべき正当理由 （複数選択可）	1．損害賠償請求権の行使のために必要であるため 2．謝罪広告等の名誉回復措置の要請のために必要であるため 3．差止請求権の行使のために必要であるため 4．発信者に対する削除要請のために必要であるため 5．その他（具体的にご記入ください）

1

侵害情報等	開示を請求する 発信者情報 （複数選択可）	1．発信者の氏名又は名称 2．発信者の住所 3．発信者の電子メールアドレス 4．発信者が侵害情報を流通させた際の、当該発信者のIPアドレス及び当該IPアドレスと組み合わされたポート番号 5．侵害情報に係る携帯電話端末等からのインターネット接続サービス利用者識別符号 6．侵害情報に係るSIMカード識別番号のうち、携帯電話端末等からのインターネット接続サービスにより送信されたもの 7．4ないし6から侵害情報が送信された年月日及び時刻
	証拠	添付別紙参照
	発信者に示したくない 私の情報 （複数選択可）	1．氏名（個人の場合に限る） 　＊代理人の氏名・住所等は示して問題ありません。 2．「権利が明らかに侵害されたとする理由」欄記載事項 3．添付した証拠

以上

- -

特定電気通信役務提供者の使用欄

開示請求受付日	発信者への意見照会日	発信者の意見	回答日
（日付）	（日付） 照会できなかった場合はその理由：	有（日付） 無	開示（日付） 非開示（日付）

2

的措置をとる必要があります。

　しかし、経由プロバイダは、法律上の保存義務がないこともあり、通常、3ヶ月から6ヶ月の間しかアクセスログを保存していないことから、サイト管理者等に発信者情報開示請求訴訟を提起していては、アクセスログの保存期間を経過してしまい、発信者の特定ができなくなってしまう可能性が高いです。

　そこで、サイト管理者等にIPアドレスやタイムスタンプ等の開示を求める際には、経由プロバイダのアクセスログの保存期間との関係で、仮処分命令における保全の必要性が認められており、通常は仮処分を申し立てることになります。

イ　管轄

（ア）　国内法人のケース

　発信者情報開示請求の仮処分も、本案の管轄裁判所に申し立てることになります（民保12条）。

　そして、発信者情報開示請求権は、プロバイダ責任制限法4条1項により創設的に認められた権利なので、「不法行為に関する訴え」（民訴5条9号）等に該当せず、特別裁判籍は認められません。

　そこで、原則どおり、債務者の普通裁判籍の所在地を管轄する地方裁判所にのみ管轄が認められます。

　なお、保全事件では、併合請求における管轄（民訴7条）の適用はないことから、削除請求の仮処分と併合することにより、不法行為地での申立てをすることはできません（不法行為地を管轄する裁判所と債務者の普通裁判籍の所在地を管轄する裁判所が同じであれば、削除請求の仮処分と発信者情報開示請求の仮処分は併合できます。）。

（イ）　外国法人のケース

　a　国際裁判管轄

　外国法人の主たる事務所又は営業所が日本国内にあるとき（民訴3条の2第3項）は、国際裁判管轄が認められます。

　また、海外企業の代表者その他主たる業務担当者の住所が日本国内にあるとき（民訴3条の2第3項）も、国際裁判管轄が認められます。

さらに、上記に該当しない場合であっても、当該ウェブサイトが、日本語で記載されており、日本からアクセス可能な場合には、「日本において事業を行う者」に対する「日本における業務に関する」訴え（民訴3条の2第5項）に該当し、国際裁判管轄が認められます。

b 国内裁判管轄

上記のとおり、発信者情報開示請求の仮処分では、債務者の普通裁判籍の所在地を管轄する地方裁判所にのみ管轄が認められています。

そして、外国法人の普通裁判籍は、日本における主たる事業所又は営業所があるときは当該事務所又は営業所の所在地、日本に代表者その他の主たる業務担当者がいれば、その所在地に認められます（民訴4条5項）。

さらに、これらの要件が満たされない場合には、「管轄が定まらないとき」に該当し、東京都千代田区を管轄する裁判所に管轄が認められることになります（民訴10条の2、民訴規則6条の2）。

ウ 被保全権利

被保全権利は、プロバイダ責任制限法4条1項による発信者情報開示請求権です。

エ 申立の趣旨

申立の趣旨は、「債務者は、債権者に対し、別紙発信者情報目録記載の各情報を仮に開示せよ」です。

別紙発信者情報目録には、主に、投稿時のIPアドレスとタイムスタンプの開示を求めていきます。

なお、保全の必要性の部分で説明しますが、仮処分では、本人特定情報（氏名、住所、メールアドレス、電話番号）については、開示を求めることはできないので注意してください。

オ 申立の理由

（ア） 債権者

削除の仮処分で説明したとおり、同定可能性や権利侵害の明白性の判断に影響を与えるので詳細に記載してください。

（イ）　債務者

　　　発信者情報開示請求の相手方は、プロバイダ責任制限法4条の「開示関係役務提供者」であることが必要なので、「開示関係役務提供者」該当性を説明します。

　　　「開示関係役務提供者」の内容については、本章第5の2(2)ア記載のとおりです。

　　　なお、上記のとおり、発信者情報開示請求の対象となる発信者情報は、開示関係役務提供者が「保有」しているものに限られることから（同法4条）、「保有」についても債権者に立証責任があります。

　　　もっとも、開示関係役務提供者が発信者情報を「保有」していることを債権者が調査することは不可能であることから、債権者が主張する発信者情報を債務者が保有していない場合には、その点について債務者が説明をする必要があります。

　　　そのことから、仮処分の申立書には、「保有」については特に言及しないことが多いです。

（ウ）　権利侵害の明白性

　　　プロバイダ責任制限法4条1項1号が定める権利侵害の該当性とは、権利の侵害の事実及び違法性阻却事由の存在をうかがわせるような事情が存しないことです。

　　　通常は、以下の内容を記載します。

　　a　当該投稿の内容

　　b　同定可能性

　　c　権利が侵害されていること

　　d　違法性阻却事由の存在をうかがわせるような事情が存しないこと

カ　保全の必要性

　　大手の経由プロバイダのアクセスログの保存期間は概ね3ヶ月程度とされており、サイト管理者等に対して、発信者情報開示請求訴訟を提起していては、アクセスログの保存期間を経過してしまい、発信者の特定ができなくなってしまいます。

そこで、IPアドレスやタイムスタンプ等については、仮処分を申し立てることにつき保全の必要性が認められています。

なお、個人情報を登録するタイプのウェブサイト（通販サイト等）では、サイト管理者自体が発信者の本人特定情報（氏名、住所、メールアドレス、電話番号）を知っていることがあります。その場合、直接的に、サイト管理者に本人特定情報（氏名、住所、メールアドレス、電話番号）の開示を求めれば足ります。そうすると、経由プロバイダのアクセスログの保存期間を気にする必要がないことから、本人特定情報（氏名、住所、メールアドレス、電話番号）の開示を求める仮処分を申し立てる保全の必要性が認められず、サイト管理者に対しては訴訟を提起することになります。例えば、Twitter社に対して、メールアドレス等の開示を求める訴訟を提起することが考えられます。

キ 疎明資料

以下の（ア）から（ウ）は、削除の仮処分と同じです。

（ア）対象記事のスクリーンショット等

（イ）陳述書

（ウ）Whoisの検索結果

（エ）サイト管理者等がわかるウェブページ

（オ）保全の必要性を疎明する資料

経由プロバイダのアクセスログの保存期間が概ね3ヶ月であることについては、筆者は、裁判官が執筆した関述之・小川直人編著『インターネット仮処分の実務』一般社団法人金融財政事情研究会125頁を提出しています。

その他にも、民事保全の実務の該当ページ、判例タイムズ1395号25頁、インターネット上の該当記事を提出しても認められるようです。なお、訴訟委任状については、法定代理人から署名・押印をもらってください。

ク 債権者面接

削除の仮処分と同様です。

ケ 呼び出し

基本的には、削除の仮処分と同様です。

もっとも、債務者が送達条約未加盟国であるフィリピンなどの外国法人である場合、送達だけで数ヶ月を要し、送達を待っていれば経由プロバイダのアクセスログの保存期間を経過してしまい、発信者の特定ができなくなってしまうおそれがあります。

　そのような場合には、審尋を経ることにより仮処分の申立ての目的を達成できないとして、民事保全法23条4項ただし書により、呼び出しをせず無審尋で手続を行う余地があります。上申書等を提出して、その点を詳述するようにしましょう。

コ　双方審尋

　削除の仮処分と同様です。

サ　担保

　申立てに理由があると認められた場合には、発信者情報開示請求の仮処分の場合ですと概ね10万円から30万円の担保決定がされます。

シ　仮処分命令の送達

　削除の仮処分と同様です。

　通常は、仮処分命令が債務者に送達されれば、債務者ないし債務者の代理人弁護士とFAX等のやり取りでIPアドレスやタイムスタンプ等の開示を受けることになります。

　例えば、IPアドレス「182.251.65.229」、タイムスタンプ「2020/5/5 12:31:59」などといった形で開示されます。

ス　ログイン型投稿について

　ログイン型投稿とは、「投稿記事を発信、編集するためにパスワードを用いてログインすることが要求される場合」のことです（八木一洋・関述之編著『民事保全の実務　上〈第3版増補版〉』一般社団法人金融財務事情研究会354頁）。

　TwitterやFacebook等では、ログイン時のIPアドレス及びタイムスタンプについては記録されていますが、投稿時のIPアドレス及びタイムスタンプは記録されていません。

　そして、ログイン自体によっては何らの権利侵害もなされていないことから、ログイン時のIPアドレス及びタイムスタンプがプロバイダ責任制限

法4条1項の「当該権利の侵害に係る発信者情報」に該当するかが問題となります。

　この点については、権利侵害の投稿の発信時に近接した時点でログインした者が当該投稿をした蓋然性が高いこと等を理由にログイン時のIPアドレス及びタイムスタンプがプロバイダ責任制限法4条1項の「当該権利の侵害に係る発信者情報」に該当するという裁判例もあります（東京高判平成26年5月28日判時2233号113頁）。

　また、権利侵害の投稿の直前のログイン時のIPアドレスであればともかく、権利侵害の投稿後の最新のログイン時のIPアドレスの開示を求めることには裁判所は消極的です。

　上記論点については、サイト管理者に対する仮処分ではあまり問題にはなりませんが、訴訟では経由プロバイダは本格的に争ってきます。

　なお、ログインIPアドレスの開示を受けると、複数のプロバイダを用いてログインしているケースがあります。そうすると、プロバイダとしては、投稿時にどの経由プロバイダを用いて投稿をしたかわからず、開示関係役務提供者該当性の立証責任を果たせていないという反論をしてくることがあります。しかし、裁判所は、投稿の用に「供され得る」特定電気通信設備を用いる特定電気通信役務提供者は開示関係役務提供者に該当し、ログインに係る経由プロバイダは開示関係役務提供者に当たると判断しています（東京地判令和3年1月18日ウエストローWLJPCA01188011）。

セ　書式

発信者情報開示等仮処分命令申立書

年　　月　　日

東京地方裁判所民事第９部　御中

債権者代理人弁護士　○○

当事者の表示　　別紙当事者目録記載のとおり

仮処分により保全すべき権利

特定電気通信役務提供者の損害賠償責任の制限及び発信者情報の開示に関する法律４条１項に基づく発信者情報開示請求権

申立の趣旨

債務者は、債権者に対し、別紙発信者情報目録記載の各情報を仮に開示せよとの裁判を求める。

1

申立の理由

第1　被保全権利

1　当事者

（1）債権者

債権者は、○○である。

（2）債務者

債務者は、電気通信事業等を業とする株式会社である（甲1）。

債務者は、インターネットでの閲覧可能な○○（以下「本件サイト」という。）を運営・管理し、そのシステムを管理する者である（甲2、甲3）。

本件サイトは、誰でもこれを閲覧したり投稿をすることができ、本件サイトに投稿された情報は、電子通信により送信され、不特定の閲覧者に受信される。

債務者は、本件サイトの通信を媒介する者であり、プロバイダ責任制限法4条の開示関係役務提供者に該当する。

2　債権者に対する権利侵害

（1）本件投稿の存在

本件サイト上には、別紙投稿記事目録記載の投稿記事が存在し、インターネットを通じて不特定多数人に公開されている（甲4）。

本件投稿の具体的な内容は以下のとおりである。

口コミ対象：「○○」

口コミのタイトル：「○○」

口コミの本文：「○○」

（2）同定可能性

同定可能性ついては、債権者の属性の幾つかを知る者にとって同定可能であれば足りる（東京地判平11．6．22判時1691号91頁「石に泳ぐ魚」事件）。

本件投稿には、○○や○○という債権者の属性が記載されているところ、債権者の属性の幾つかを知る者が、本件投稿を見た際に、「○○」が債権者であると認識することは容易であることから、本件投稿には、同定可能性が認められる（甲5）。

（3）権利侵害の明白性

プロバイダ責任制限法4条1項1号が定める権利侵害の該当性とは、権利の侵

2

害の事実及び違法性阻却事由の存在をうかがわせるような事情が存しないことをいう。

　そこで、以下では、債務者に対するプライバシー権侵害と違法性阻却事由の存在をうかがわせる事情の不存在について詳述する。

ア　プライバシー権侵害該当性

　プライバシーとは、「私生活をみだりに公開されないという法的保証ないし権利」と定義されている（東京地判昭和39年9月28日判タ385号12頁「宴のあと」事件）。

　そして、プライバシー権侵害該当性について、東京地判昭和39年9月28日判タ385号12頁は、以下の3つの要件を示している。

① 　私生活上の事実又は私生活上の事実と受け取られるおそれのある事柄であること（私事性）

② 　一般人の感受性を基準にして、当該私人の立場に立った場合に公開を欲しないであろうと認められる事柄であること（秘匿性）

③ 　一般の人々に未だ知られていない事柄であること（非公知性）

　さらに、上記3つの要件の該当性を判断する前提として、ある投稿がどのような事実を摘示しているかについては、前後の文脈等も加味して、一般読者の普通の注意と読み方を基準として判断される（最判昭和31年7月20日民集10巻8号1059頁）。

　これを本件についてみると、一般読者の普通の注意と読み方を基準とすると、「○○」という者は、学歴が「○○」であり、生年月日と出生地が「○○」であるという事実が摘示されているものといえる。

　そして、氏名、学歴、生年月日、出生地については、①私人である債権者の純然たる私的事項であり（私事性）②一体として用いられることで個人特定情報になることから、インターネット上で不特定多数人に公開されることは全く想定されておらず公開を欲しない事柄であり（秘匿性）③私人である債権者の上記情報はインターネット上で広く公開されている事柄ではない（非公知性）。

　したがって、本件投稿は、債権者のプライバシー権を侵害する事柄を投稿しているものといえる。

イ　違法性阻却事由の存在をうかがわせるような事情が存しないこと

　プライバシー権侵害の違法性については、プライバシーに関する情報を公

3

表されない利益とこれを公表する利益とを比較衡量し、前者が後者を優越する場合に違法となる（最判平成15年3月14日民集57巻3号229頁）。

これを本件についてみると、上記のとおり、本件投稿は、債権者の氏名、学歴、生年月日、出生地を公表するものであるが、本件投稿のタイトルが「○○」であり、本文に「○○」と記載されていることから、上記情報を公表する目的は専ら私怨や嫌がらせにあることは明らかであり、プライバシーに関する情報を公表する利益は全く認められない。

他方、債権者は私人にすぎず上記情報を公表されることにつき受忍すべき立場にはなく、プライバシーに関する情報を公表されない利益は非常に大きいものといえる。

したがって、本件投稿については、プライバシーに関する情報を公表されない利益がこれを公表する利益を遥かに優越することから、債権者のプライバシー権を違法に侵害するものであることは明らかである。

ウ　小結

以上より、本件投稿により債権者の名誉権が侵害されたことは明らかである。

3　開示を受けるべき正当な理由

債権者は、本件投稿の発信者に対して、不法行為に基づく損害賠償等の請求をする予定であるが、この権利を行使するためには、債務者が保有する別紙発信者情報目録記載の情報の開示を受ける必要がある。

4　結論

よって、債権者は債務者に対し、プロバイダ責任制限法4条1項に基づき、本件発信者情報の開示請求権を有する。

第2　保全の必要性

経由プロバイダのアクセスログの保存期間は概ね3ヶ月程度とされており、債務者から早期に発信者情報の開示を受けなければ、上記損害賠償請求に支障をきたすことになる（甲6）。

また、本件投稿が閲覧可能な状況が続くことにより、債権者は心労で日常生活にも支障をきたす状況であり、早急な発信者情報の開示を受ける必要がある。

以上

疎明方法

1	甲第1号証	履歴事項全部証明書
2	甲第2号証	債務者のウェブページ
3	甲第3号証	Whois
4	甲第4号証	本件投稿記事
5	甲第5号証	陳述書
6	甲第6号証	関述之・小川直人『インターネット関係仮処分の実務』一般社団法人金融財政事情研究会125頁

添付書類

1	甲号証（写し）	各1通
2	資格証明書（債務者）	1通
3	訴訟委任状	1通

以上

5

発信者情報目録

1 　　別紙投稿記事目録にかかる各投稿記事を投稿した際のIPアドレス及び当該IP
アドレスと組み合わされたポート番号

2 　　別紙投稿記事目録にかかる各投稿記事を投稿した際の携帯電話端末又はPHS
端末（以下「携帯電話端末等」という。）からのインターネット接続サービス利
用者識別符号

3 　　別紙投稿記事目録にかかる各投稿記事を投稿した際のSIMカード識別番号の
うち、携帯電話端末等からインターネット接続サービスにより送信されたもの

4 　　第1項のIPアドレスを割り当てられた電気通信設備、第2項の携帯電話端末等
からのインターネット接続サービス利用者識別符号にかかる携帯電話端末等又
は第3項のSIMカード識別番号にかかる携帯電話端末等から、債務者の用いる特
定電気通信設備に別紙投稿記事目録にかかる各投稿記事が送信された年月日及
び時刻

発信者情報目録

1 　　別紙アカウント目録記載のアカウントにログインした際のIPアドレスのうち、
○年○月○日以降のもので、債務者が保有するものすべて

2 　　前項の各IPアドレスが割り当てられた電気通信設備から、債務者の用いる特
定電気通信設備に前項のログイン情報が送信された年月日及び時刻（UTC＋0）

投稿記事目録

| 閲覧用 URL |
| 投稿日時 |
| 投稿内容 |

アカウント目録

| 閲覧用 URL |
| ユーザー名 |

4 経由プロバイダに対する氏名等の 発信者情報開示請求 (第2段階)

(1) 経由プロバイダの特定

　サイト管理者等から無事にIPアドレスとタイムスタンプ等が開示されれば、次は経由プロバイダを特定することになります。

　具体的には、IPアドレスをWhoisで検索すれば経由プロバイダが判明します。例えば、IPアドレス「182.251.65.229」をWhoisで検索すると、以下のような形でKDDI株式会社が経由プロバイダであることがわかります (P113の図参照)。

正引きIPアドレス 182.251.65.229 の管理者情報 ?

運営組織	KDDI CORPORATION
ネットワーク セグメント	182.251.65.0 - 182.251.65.255
ネットワーク名	KDDI-NET
管理者連絡先	JP00000127
技術連絡先	JP00000181

(2) アクセスログの保全

　上記のとおり、経由プロバイダは3ヶ月でアクセスログを削除してしまう可能性があり、速やかにアクセスログの保存を求めなければなりません。

　アクセスログの保存の方法としては、主に以下のものがあります。

ア　任意のアクセスログ保存依頼

　　経由プロバイダに対しては、発信者情報開示請求訴訟を提起していくことになるので、提訴予告の受任通知を兼ねて、(速達の) 内容証明郵便でアクセスログの保存を求めるという方法があります。

　　添付書類は委任状の写しでよいことが多く簡易ではありますが、これだけではアクセスログの保存に協力してくれないこともあります。

イ　テレサ書式

　　テレサ書式を用いて経由プロバイダに発信者情報の開示を求めるという方法があります。

　　テレサ書式を送れば、通常はアクセスログを保存してくれます。

　　筆者は、発信者情報開示の依頼を受けた時点で、テレサ書式に必要な添付資料を事前に集めるようにしています。そして、経由プロバイダが判明したら、速やかにテレサ書式と受任通知を送り、アクセスログの保存に

協力する意思があるのか回答をもらっています。

なお、経由プロバイダに対してテレサ書式を送ると、経由プロバイダが発信者（契約者）に対し、開示の可否についての意見照会をすることになるので、通常、この時点で発信者は特定作業が行われていることを認識することになります。

このことにより、発信者が誹謗中傷を止めたり、多くはありませんが自身から名乗り出て謝罪を申し出たりすることもあります。テレサ書式によるログ保存の副次的な効果ではありますが、重要な点なので覚えておいてください[注8]。

ウ 発信者情報消去禁止の仮処分

アクセスログの保存に任意に応じない場合には、経由プロバイダに対し発信者情報消去禁止の仮処分を申し立てることになります。

申立の趣旨は、「債務者は、別紙発信者情報目録記載の各情報を消去してはならない」です。

内容としては、基本的に、発信者情報開示請求と同じです。

もっとも、テレサ書式の送付等でアクセスログの保存がされるケースも多いので、かかる手続をとらなければいけないケースは比較的少ないと思われます。

（3）発信者情報開示請求訴訟

ア 管轄

原則どおり、経由プロバイダの所在地を管轄する地方裁判所です。

なお、経由プロバイダが裁判外で発信者情報を開示しなかったことにより、原告の精神的苦痛が長引いたこと等を理由とした不法行為に基づく損害賠償請求を併合提起すれば、原告の住所地に管轄を認めることもで

注8 他方、サイト管理者は、発信者について知っていてもメールアドレス程度のことも多いので、テレサ書式を送っても意見照会すらされないことも少なくありません。

きます（民訴5条1号、同7条、同136条）。

　もっとも、プロバイダ責任制限法4条4項の責任制限規定により、経由プロバイダの非開示判断につき故意又は重過失が認められない限り、請求は認容されないため、あくまで管轄のための便宜的な請求と考えた方がよいでしょう。

イ　訴訟物

　訴訟物は、発信者情報開示請求権です。

ウ　訴額

　訴額は、「財産上の請求でない請求に係る訴え」なので、160万円です（民事訴訟費用等に関する法律4条2項前段）。

エ　請求の趣旨

　請求の趣旨は、「被告は、原告に対し、別紙発信者情報目録記載の各情報を開示せよ」です。

　別紙発信者情報目録には、氏名、住所、電話番号、メールアドレス（SMSメールアドレス）を記載します。

オ　請求の原因

　請求の原因は、基本的に仮処分の申立の理由と同じです。

　仮処分と異なるのは、サイト管理者等からのIPアドレス及びタイムスタンプ等の開示があり、その結果、発信者が契約している経由プロバイダが被告であることが判明したことを主張する点です。

カ　証拠

　証拠についても、基本的に仮処分で提出したものと同じですが、サイト管理者等からの発信者情報開示結果及びIPアドレスをWhoisで検索した結果を証拠として提出することになります。

キ　書式

【発信者情報開示請求訴訟の訴状】……………………P116に掲載

【発信者情報目録】一般型 ………………………………P120に掲載

【発信者情報目録】接続先URL追記型 ………………P120に掲載

訴状

年　月　日

東京地方裁判所　御中

原告訴訟代理人弁護士　　○○

〒○○○-○○○○　　　　　　東京都〜

原告　　　　　　　　○○

〒○○○-○○○○　　　　　　東京都（送達場所）〜

○○法律事務所

電話　　○○

FAX　　○○

原告訴訟代理人弁護士　　○○

〒○○○-○○○○　　　　　　東京都〜

被告　　　　　　　　○○

上記代表者代表取締役　　○○

発信者情報開示請求事件

訴訟物の価格　　　　160万円

ちょう用印紙額　　　1万3000円

1

第1　請求の趣旨

1　被告は、原告に対し、別紙発信者情報目録記載の各情報を開示せよ

2　訴訟費用は被告の負担とする

との判決を求める。

第2　請求の原因

1　当事者

（1）原告

原告は、〇〇である。

（2）被告

被告は、インターネット接続サービス事業を運営する株式会社である（甲1）。

2　本件に先立つサイト管理者からの発信者情報開示

（1）本件投稿の存在

省略（甲2）

（2）サイト管理者からの発信者情報開示

原告は、本訴訟に先立ち、本件サイトを管理する訴外〇〇に対して、発信者情報開示仮処分命令申立を行い、仮処分決定を得た（甲3）。

そして、同決定に基づいて、同社から本件投稿に用いられたIPアドレス等の開示を受けた（甲4）。

上記開示結果により、本件投稿の投稿者が、被告を経由プロバイダとして、本件投稿を行っていることが判明した（甲5）。

3　被告の開示関係役務提供者該当性

上記のとおり、原告は、本件サイトの管理者から、本件投稿の投稿者が投稿に使用したIPアドレス等の開示を受けた。

上記IPアドレスは、被告が管理していることから（甲5）、被告は開示関係役務提供者に該当する。

4　発信者情報開示請求権

本件投稿は、以下のとおり、原告の名誉感情を侵害するものであり、違法性阻却事由の存在を窺わせるような事情も存在しない。したがって、原告が本件投稿によって権利を侵害されていることは明白である。

（1）同定可能性

省略（甲6）

2

(2) 権利侵害の明白性

　　以下では、原告に対する名誉感情侵害について詳述する。

　　名誉感情とは、人が自分自身の人格的価値について有する主観的評価である（最判昭和45年12月18日民集24巻13号2151頁）。

　　そして、名誉感情侵害については、一般閲覧者の普通の注意と読み方を基準とし、社会通念上許される限度を超えた侮辱行為がある場合には違法となる（最判平成22年4月13日民集64巻3号758頁、東京地判平成28年10月18日判例秘書L07132435）。

　　これを本件についてみると、一般閲覧者の普通の注意と読み方を基準にすると、債権者に対して「○○」と暴言をあびせているという内容が摘示されているものといえる。

　　そして、「○○」との記載は、債権者を著しく侮辱する内容であり、債権者の名誉感情を侵害しているものといえ、かつ、本件スレッド名「○○」とあわせて考えると、投稿者の投稿目的は専ら私怨や嫌がらせにあるものといえ社会通念上許される限度を超えた侮辱行為であることは明白というべきである（東京地判平成28年3月22日ウエストロー2016WLJPCA03228026参照）。

　　以上より、本件投稿により原告の名誉感情が侵害されたことは明らかである。

(3) 開示を受けるべき正当な理由

　　原告は、本件投稿の発信者に対して、不法行為に基づく損害賠償等の請求をする予定であるが、この権利を行使するためには、被告が保有する別紙発信者情報目録記載の各情報の開示を受ける必要がある。

　　なお、電話番号についてはプロバイダ責任制限法4条1項に係る総務省令3号、電子メールアドレスについては同省令4号において侵害情報の発信者の特定に資する情報として規定されており、転居などの事情により実際の住所が被告の所持している住所とは異なる場合も考えられるから、開示を受けるべき正当な理由があるものといえる。

(4) 結論

　　よって、原告は、被告に対し、プロバイダ責任制限法4条1項に基づき、別紙発信者情報目録記載の各情報の開示を求める。

以上

3

証拠方法

1	甲第1号証	履歴事項全部証明書
2	甲第2号証	本件投稿記事
3	甲第3号証	仮処分決定
4	甲第4号証	IPアドレス等の開示
5	甲第5号証	Whois
6	甲第6号証	陳述書

添付書類

1	甲号証（写し）	各1通
2	資格証明書（債務者）	1通
3	訴訟委任状	1通

以上

4

発信者情報目録

　別紙投稿記事目録記載のIPアドレスを同目録記載の投稿日時頃に使用して同目録記載のURLに接続した者に関する情報であって、次に掲げるもの

(1)　　氏名又は名称

(2)　　住所

(3)　　電子メールアドレス

(4)　　電話番号

発信者情報目録（接続先URL追記型）

発信者情報目録

　別紙投稿記事目録記載のIPアドレスを同目録記載の投稿日時頃に使用して同目録記載の接続先URLに接続した者に関する情報であって、次に掲げるもの

接続先URL

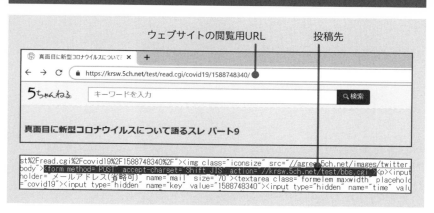

ウェブサイトの閲覧用URL　　　　投稿先

NTTドコモ等は、IPアドレスとタイムスタンプに加え、接続先URLというものも要求します。接続先URLというものは、ウェブサイトを右クリックしてHTMLソースの「<form>」タグ[注9]の「action」属性を読み取ればわかることがあります。

　例えば、以下のウェブサイトの閲覧用URLは、「https://krsw.5ch.net/test/read.cgi/covid19/1588748340/」です（左ページ下の図参照）。

　他方、投稿先URLは、ソースの「<form>」タグの「action」属性を読み取ると「//krsw.5ch.net/test/bbs.cgi」が投稿先であることがわかるので、「http://krsw.5ch.net/test/bbs.cgi」となります。

　もっとも、上記の方法については、HTMLの最低限の知識が必要となりますので、難しい場合は、サイト管理者等に問い合わせると教えてくれることが多いです。

　具体的には、サイト管理者等にメールや弁護士会照会で問い合わせればよいでしょう。

　万が一、サイト管理者等が裁判外では回答しない場合には、経由プロバイダに発信者情報開示請求訴訟を提起してから、サイト管理者等に調査嘱託するという方法もあるでしょう。

　KDDI、ソフトバンク等は、IPアドレスとタイムスタンプに加え接続先IPアドレスというものも要求します。これは、上記接続先URLを正引きするとわかります。

　接続先URLを正引きした場合、複数の接続先IPアドレスが表示されることがよくあります。

　この場合には、投稿記事目録に択一的な形で複数の接続先IPアドレスを記載すればよいでしょう。

注9　<form>タグは、投稿用フォーム全体の親要素となるタグで、フォームを作るのには必須です。

もっとも、ソフトバンクは、接続先IPアドレスの「証跡」というものも要求し、サイト管理者からの接続先IPアドレスの候補が示されない限り、択一的な記載をしても調査しないという対応をとっている点に注意が必要です。

発信者情報目録（接続先 IP アドレス追記型）

発信者情報目録

　別紙投稿記事目録記載のIPアドレスを同目録記載の投稿日時頃に使用して同目録記載の接続先IPアドレスに接続した者に関する情報であって、次に掲げるもの

発信者情報目録（ログイン投稿型）

発信者情報目録

　別紙IPアドレス・タイムスタンプ目録記載の各IPアドレスを同目録記載のタイムスタンプ頃に使用した者に関する情報であって、次に掲げるもの

投稿記事目録（一般型）

投稿記事目録

閲覧用URL

投稿日時

IPアドレス

投稿内容

投稿記事目録（接続先 URL 追記型）

投稿記事目録

閲覧用URL

投稿日時

IPアドレス

接続先URL

投稿内容

投稿記事目録（接続先 IP アドレス追記型）

投稿記事目録

閲覧用URL

投稿日時

IPアドレス

接続先IPアドレス

投稿内容

IP アドレス・タイムスタンプ目録

番号	IP アドレス	タイムスタンプ

第7 | プロバイダ責任制限法改正

1 改正の概要

　令和3年4月21日、改正プロバイダ責任制限法（以下「改正プロ責法」といいます。）が成立し、令和4年10月下旬までに施行されることとなりました（改正プロ責法附則1条）[注10]。

　改正プロ責法で特に重要なのは、①新たな裁判手続（非訟手続）の創設と②開示請求を行うことができる範囲の見直しです。

2 新たな裁判手続（非訟手続）の創設

　現行法下においては、発信者の特定に至るまでに、一般的に、二段階の開示手続（コンテンツプロバイダに対する仮処分手続、経由プロバイダに対する訴訟手続）が必要となり、被害者にとって時間的・手続的負担が大きくなっています。

　そこで、改正プロ責法は、従前の発信者情報開示請求権は残しつつ、新たに、一体の非訟手続の中で、①開示命令 ②提供命令 ③消去禁止命令を順次発令することで発信者を特定する制度を設けました。

　現在の発信者情報開示請求では、発信者の特定に6ヶ月以上要することも少なくないのですが、新たな制度のもとでは「数か月から六か月程度で開示が可能となることを期待している」（第204回国会　総務委員会　第13号　竹内芳明政府参考人の答弁）とのことですので、所要時間の短縮につながる可能性があります。

　非訟手続ですので、非訟事件手続法第2編の適用があり、訴訟手続とは異なり非公開であり、審理方法は陳述聴取ですので、裁判所は、手続の期日を開かずに、書面による審理結果に基づいて判断することも可能です。

注10　改正法条文：https://www.soumu.go.jp/main_content/000734830.pdf

また、当事者が、遠隔地に居住している場合には、電話会議システムやウェブ会議システムを利用することも可能でしょう。

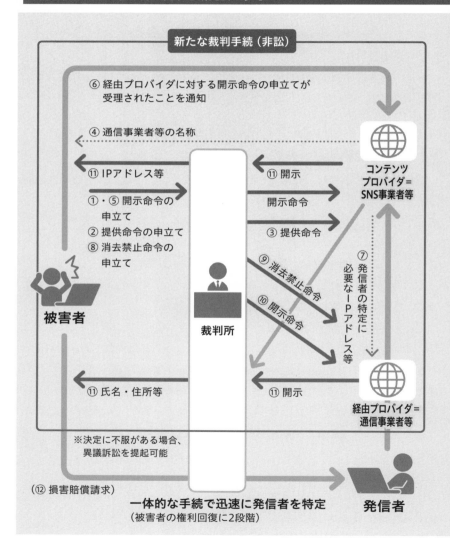

発信者情報開示の在り方に関する研究会　参考

新たな裁判手続（非訟）

⑥ 経由プロバイダに対する開示命令の申立てが受理されたことを通知

④ 通信事業者等の名称

⑪ IPアドレス等

①・⑤ 開示命令の申立て
② 提供命令の申立て
⑧ 消去禁止命令の申立て

被害者

裁判所

⑪ 開示

開示命令

③ 提供命令

⑨ 消去禁止命令

⑩ 開示命令

⑦ 発信者の特定に必要なIPアドレス等

コンテンツプロバイダ＝SNS事業者等

⑪ 氏名・住所等

⑪ 開示

経由プロバイダ＝通信事業者等

※決定に不服がある場合、異議訴訟を提起可能

（⑫ 損害賠償請求）

一体的な手続で迅速に発信者を特定
（被害者の権利回復に2段階）

発信者

（1）手続の流れ

非訟手続を用いた場合の典型的な流れは以下のとおりになると思われます。

① 申立人が、コンテンツプロバイダに対し、開示命令を申し立てる（IPアドレス等の開示を求める）。

② 申立人が、コンテンツプロバイダに対し、提供命令を申し立てる（①と同時）。

③ 裁判所が、コンテンツプロバイダに対し、提供命令申立てについての決定を出す。

④ コンテンツプロバイダが、申立人に対し、経由プロバイダの名称や住所を提供する。

⑤ 申立人が、経由プロバイダに対し、開示命令を申し立てる（発信者の氏名や住所等の開示を求める）。

⑥ 申立人が、コンテンツプロバイダに対し、経由プロバイダに開示命令が申し立てられたことを書面等で通知する。

⑦ ⑥の通知を受けたコンテンツプロバイダが、提供命令の効果として、経由プロバイダに対し、IPアドレス等を提供する（改正プロ責法15条1項2号）。

⑧ 申立人が、経由プロバイダに対し、消去禁止命令を申し立てる。

⑨ 裁判所が、経由プロバイダに対し、消去禁止命令申立てについての決定を出す。

⑩ 裁判所が、経由プロバイダに対し、開示命令申立てについての決定を出す。

⑪ 経由プロバイダが、発信者情報（氏名・住所等）を開示する（コンテンツプロバイダが発信者情報（IPアドレス等）を開示する）。

⑫ 発信者に対する損害賠償請求

(2) 各手続の具体的内容

ア 発信者情報開示命令

（ア） 条文

> **第8条（発信者情報開示命令）**
> 　裁判所は、特定電気通信による情報の流通によって自己の権利を侵害されたとする者の申立てにより、決定で、当該権利の侵害に係る開示関係役務提供者に対し、第五条第一項又は第二項の規定による請求に基づく発信者情報の開示を命ずることができる。

（イ） 内容

　　　　改正プロ責法8条は、裁判所は、自己の権利を侵害されたとする者の申立てにより、決定で、開示関係役務提供者（コンテンツプロバイダや経由プロバイダ）に対し、発信者情報の開示を命ずることができるとしています。

　　　　審理方法は、必要的な陳述聴取で、書面照会によることも可能です。

　　　　なお、開示決定又は却下決定には、決定の告知を受けた日から1ヶ月以内に、決定をした裁判所に異議の訴えを提起することができます（改正プロ責法14条1項、2項）。

　　　　異議の訴えがなかった場合には、開示命令は確定し、確定判決と同一の効力を有します（改正プロ責法14条5項）。

（ウ） 要件

　　　　開示命令の要件は、従前の発信者情報開示請求権と同じです。

　　① 権利侵害の明白性

　　② 開示を受ける正当な理由

（エ） 管轄

　　　　相手方の所在地を管轄する地方裁判所の他、東日本の裁判所が管轄権を有する場合には東京地方裁判所、西日本の裁判所が管轄権を有する場合には大阪地方裁判所にも管轄が認められるようになりました（改正プロ責法10条）。

イ　提供命令

（ア）　条文

第15条（提供命令）

1　本案の発信者情報開示命令事件が係属する裁判所は、発信者情報開示命令の申立てに係る侵害情報の発信者を特定することができなくなることを防止するため必要があると認めるときは、当該発信者情報開示命令の申立てをした者（以下この項において「申立人」という。）の申立てにより、決定で、当該発信者情報開示命令の申立ての相手方である開示関係役務提供者に対し、次に掲げる事項を命ずることができる。

一　当該申立人に対し、次のイ又はロに掲げる場合の区分に応じそれぞれ当該イ又はロに定める事項（イに掲げる場合に該当すると認めるときは、イに定める事項）を書面又は電磁的方法（電子情報処理組織を使用する方法その他の情報通信の技術を利用する方法であって総務省令で定めるものをいう。次号において同じ。）により提供すること。

イ　当該開示関係役務提供者がその保有する発信者情報（当該発信者情報開示命令の申立てに係るものに限る。以下この項において同じ。）により当該侵害情報に係る他の開示関係役務提供者（当該侵害情報の発信者であると認めるものを除く。ロにおいて同じ。）の氏名又は名称及び住所（以下この項及び第三項において「他の開示関係役務提供者の氏名等情報」という。）の特定をすることができる場合　当該他の開示関係役務提供者の氏名等情報

ロ　当該開示関係役務提供者が当該侵害情報に係る他の開示関係役務提供者を特定するために用いることができる発信者情報として総務省令で定めるものを保有していない場合又は当該開示関係役務提供者がその保有する当該発信者情報によりイに規定する特定をすることができない場合　その旨

二　この項の規定による命令（以下この条において「提供命令」といい、前号に係る部分に限る。）により他の開示関係役務提供者の氏名等情報の提供を受けた当該申立人から、当該他の開示関係役務提供者を相手方として当該侵害情報についての発信者情報開示命令の申立てをした旨の書面又は電磁的方法による通知を受けたときは、当該他の開示関係役務提供者に対し、当該開示関係役務提供者が保有する発信者情報を書面又は電磁的方法により提供すること。

2　前項（各号列記以外の部分に限る。）に規定する発信者情報開示命令の申立ての相手方が第五条第一項に規定する特定電気通信役務提供者であって、かつ、当該申立てをした者が当該申立てにおいて特定発信者情報を含む発信者情報の開示を請求している場合における前項の規定の適用については、同項第一号イの規定中「に係るもの」とあるのは、次の表の上欄に掲げる場合の区分に応じ、それぞれ同表の下欄に掲げる字句とする。

当該特定発信者情報の開示の請求について第五条第一項第三号に該当すると認められる場合	に係る第五条第一項に規定する特定発信者情報
当該特定発信者情報の開示の請求について第五条第一項第三号に該当すると認められない場合	に係る第五条第一項に規定する特定発信者情報以外の発信者情報

3　次の各号のいずれかに該当するときは、提供命令（提供命令により二以上の他の開示関係役務提供者の氏名等情報の提供を受けた者が、当該他の開示関係役務提供者のうちの一部の者について第一項第二号に規定する通知をしないことにより第二号に該当することとなるときは、当該一部の者に係る部分に限る。）は、その効力を失う。

　　一　当該提供命令の本案である発信者情報開示命令事件（当該発信者情報開示命令事件についての前条第一項に規定する決定に対して同項に規定する訴えが提起されたときは、その訴訟）が終了し

たとき。

二　当該提供命令により他の開示関係役務提供者の氏名等情報の提供を受けた者が、当該提供を受けた日から二月以内に、当該提供命令を受けた開示関係役務提供者に対し、第一項第二号に規定する通知をしなかったとき。

4　提供命令の申立ては、当該提供命令があった後であっても、その全部又は一部を取り下げることができる。

5　提供命令を受けた開示関係役務提供者は、当該提供命令に対し、即時抗告をすることができる。

（イ）　内容

改正プロ責法15条1項1号イは、裁判所は、開示命令の申立てに係る侵害情報の発信者の特定ができなくなることを防止するため必要があると認めるときは、開示命令の申立てをした者の申立てにより、決定で、相手方である開示関係役務提供者（コンテンツプロバイダ等）が保有する発信者情報（IPアドレス等）により、当該侵害情報に係る他の開示関係役務提供者の氏名等（経由プロバイダの名称等）を特定できる場合、当該情報の提供を命じることができるとしています。

さらに、改正プロ責法15条1項2号は、裁判所は、上記命令により他の開示関係役務提供者の氏名等（経由プロバイダの名称等）を知った申立人が、当該他の開示関係役務提供者（経由プロバイダ等）に対して、開示命令（発信者の氏名等）を申し立て、そのことを相手方である開示関係役務提供者（コンテンツプロバイダ等）に通知した場合、相手方である開示関係役務提供者（コンテンツプロバイダ等）に対し、他の開示関係役務提供者（経由プロバイダ等）に、保有するIPアドレス等の提供を命じることができるとしています。

提供命令に基づき、コンテンツプロバイダが、経由プロバイダに対し、IPアドレス等の情報を提供する際、併せて、接続先URLや接続先IPアドレスを適切に提供してくれれば、申立人の調査の負担は軽減するものと思われます。

例えば、上述のとおり、現在、ソフトバンクは接続先IPアドレスの証跡を要求しますが、申立人による調査結果の報告では証跡とは認めない運用をとっています。

しかし、コンテンツプロバイダが接続先IPアドレスをソフトバンクに伝えてくれれば、これは証跡に他ならないものといえます。

もっとも、コンテンツプロバイダが接続先IPアドレス等を適切に経由プロバイダに提供するかはコンテンツプロバイダに大きく依存するものと思われます。

なお、提供命令を受けた開示関係役務提供者は、即時抗告をすることができます（改正プロ責法15条5項）。

(ウ)　要件

提供命令の要件は非常に緩やかで、従前の発信者情報開示の仮処分の保全の必要性に概ね相当するものです。

①　開示命令の申立てをしていること（本案係属要件）

②　侵害情報の発信者の特定ができなくなることを防止するため必要があると認めるとき

➡経由プロバイダのアクセスログの保存期間が概ね3ヶ月程度であること等、従前の保全の必要性で主張・疎明していた内容で足りると思われます（第204回国会　総務委員会　第13号　竹内芳明政府参考人の答弁）。

③　保有する発信者情報により、当該侵害情報に係る他の開示関係役務提供者の氏名等を特定できる場合

➡コンテンツプロバイダがIPアドレス等から経由プロバイダの氏名等を特定できる場合等

ウ　消去禁止命令

(ア)　条文

第16条（消去禁止命令）

1　本案の発信者情報開示命令事件が係属する裁判所は、発信者情報開示命令の申立てに係る侵害情報の発信者を特定することができなく

なることを防止するため必要があると認めるときは、当該発信者情報開示命令の申立てをした者の申立てにより、決定で、当該発信者情報開示命令の申立ての相手方である開示関係役務提供者に対し、当該発信者情報開示命令事件（当該発信者情報開示命令事件についての第十四条第一項に規定する決定に対して同項に規定する訴えが提起されたときは、その訴訟）が終了するまでの間、当該開示関係役務提供者が保有する発信者情報（当該発信者情報開示命令の申立てに係るものに限る。）を消去してはならない旨を命ずることができる。

2　前項の規定による命令（以下この条において「消去禁止命令」という。）の申立ては、当該消去禁止命令があった後であっても、その全部又は一部を取り下げることができる。

3　消去禁止命令を受けた開示関係役務提供者は、当該消去禁止命令に対し、即時抗告をすることができる。

（イ）　内容

改正プロ責法16条1項は、裁判所は、開示命令の申立てに係る侵害情報の発信者の特定ができなくなることを防止するため必要があると認めるときは、開示命令の申立てをした者の申立てにより、決定で、開示関係役務提供者（経由プロバイダ等）に対し、開示命令事件が終了するまでの間、保有する発信者情報を消去してはならない旨命じることができるとしています。

なお、消去禁止命令を受けた開示関係役務提供者は、即時抗告をすることができます（改正プロ責法16条3項）。

（ウ）　要件

①　開示命令の申立てをしていること（本案係属要件）

②　侵害情報の発信者の特定ができなくなることを防止するため必要があると認めるとき

　➡経由プロバイダのアクセスログの保存期間が概ね3ヶ月程度であること等、従前の保全の必要性で主張・疎明していた内容で足りると思われます。

3 開示請求を行うことができる範囲の見直し

(1) 条文

第5条 (発信者情報の開示請求)

1 特定電気通信による情報の流通によって自己の権利を侵害されたとす
る者は、当該特定電気通信の用に供される特定電気通信設備を用いる特
定電気通信役務提供者に対し、当該特定電気通信役務提供者が保有する
当該権利の侵害に係る発信者情報のうち、特定発信者情報 (発信者情報で
あって専ら侵害関連通信に係るものとして総務省令で定めるものをいう。
以下この項及び第十五条第二項において同じ。) 以外の発信者情報につい
ては第一号及び第二号のいずれにも該当するとき、特定発信者情報につ
いては次の各号のいずれにも該当するときは、それぞれその開示を請求す
ることができる。

一 当該開示の請求に係る侵害情報の流通によって当該開示の請求をす
る者の権利が侵害されたことが明らかであるとき。

二 当該発信者情報が当該開示の請求をする者の損害賠償請求権の行使
のために必要である場合その他当該発信者情報の開示を受けるべき正
当な理由があるとき。

三 次のイからハまでのいずれかに該当するとき。

イ 当該特定電気通信役務提供者が当該権利の侵害に係る特定発信者
情報以外の発信者情報を保有していないと認めるとき。

ロ 当該特定電気通信役務提供者が保有する当該権利の侵害に係る特
定発信者情報以外の発信者情報が次に掲げる発信者情報以外の発信
者情報であって総務省令で定めるもののみであると認めるとき。

(1) 当該開示の請求に係る侵害情報の発信者の氏名及び住所

(2) 当該権利の侵害に係る他の開示関係役務提供者を特定するため
に用いることができる発信者情報

ハ 当該開示の請求をする者がこの項の規定により開示を受けた発信者
情報 (特定発信者情報を除く。) によっては当該開示の請求に係る侵害
情報の発信者を特定することができないと認めるとき。

2　特定電気通信による情報の流通によって自己の権利を侵害されたとする者は、次の各号のいずれにも該当するときは、当該特定電気通信に係る侵害関連通信の用に供される電気通信設備を用いて電気通信役務を提供した者（当該特定電気通信に係る前項に規定する特定電気通信役務提供者である者を除く。以下この項において「関連電気通信役務提供者」という。）に対し、当該関連電気通信役務提供者が保有する当該侵害関連通信に係る発信者情報の開示を請求することができる。

一　当該開示の請求に係る侵害情報の流通によって当該開示の請求をする者の権利が侵害されたことが明らかであるとき。

二　当該発信者情報が当該開示の請求をする者の損害賠償請求権の行使のために必要である場合その他当該発信者情報の開示を受けるべき正当な理由があるとき。

3　前二項に規定する「侵害関連通信」とは、侵害情報の発信者が当該侵害情報の送信に係る特定電気通信役務を利用し、又はその利用を終了するために行った当該特定電気通信役務に係る識別符号（特定電気通信役務提供者が特定電気通信役務の提供に際して当該特定電気通信役務の提供を受けることができる者を他の者と区別して識別するために用いる文字、番号、記号その他の符号をいう。）その他の符号の電気通信による送信であって、当該侵害情報の発信者を特定するために必要な範囲内であるものとして総務省令で定めるものをいう。

(2) 内容

　上述のとおり、投稿時の通信記録を保存していないTwitter等のログイン型サービスでは、ログイン時のIPアドレスの開示を受ける必要があります。

　しかし、通常は、ログイン自体は何らの権利侵害性もないことから、現在のプロ責法4条1項の「当該権利の侵害に係る発信者情報」にはログインIPアドレスは該当しないと読むのが率直であるといえます。

　また、コンテンツプロバイダからログインIPアドレスの開示を受けたとしても、複数の経由プロバイダを用いてログインしていた場合、侵害情報の投稿に

どの経由プロバイダを用いたか立証できないとして、経由プロバイダから開示
関係役務提供者性が争われることもありました。

そこで、改正プロ責法は、それ自体は適法な「侵害関連通信」（改正プロ責
法5条3項、ログイン通信、ログアウト通信、SMS認証時の通信が典型ですが、
その具体的範囲は総務省令で定められます）と専ら侵害関連通信に係る発信
者情報である「特定発信者情報」（改正プロ責法5条1項、ログインIPアドレス
が典型ですが、その具体的範囲は総務省令で定められます）[注11]という概念を創
設し、①一定の要件のもと、コンテンツプロバイダに対するログインIPアドレ
ス等の特定発信者情報の発信者情報開示請求（改正プロ責法5条1項1号、同2
号、同3号）と②ログイン通信等の侵害関連通信に用いられた経由プロバイダ
（「関連電気通信役務提供者[注12]」）に対する発信者情報開示請求（改正プロ責法
5条2項）を認めることとしました。

なお、従前の発信者情報開示請求は、改正プロ責法5条1項1号、同2号が根
拠条文となります。

（3）要件（コンテンツプロバイダに対するログインIPアドレス等の発信者情報開示請求）

① 権利侵害の明白性

② 開示を受ける正当な理由

③ 補充性要件（改正プロ責法5条1項3号イないしハ）

  a 相手方が権利侵害に係る特定発信者情報以外の発信者情報（投
稿時のIPアドレス、住所、氏名、電話番号、メールアドレス等）を
保有していないこと（改正プロ責法5条1項3号イ）＊保有していな
いことについては、開示の可否を判断する時点において判断され

注11 従前の侵害通信に関する発信者情報は、「特定発信者情報以外の発信者情報」
という概念で整理されています。

注12 開示関係役務提供者には、特定電気通信役務提供者（改正プロ責法5条1項）
と関連電気通信役務提供者（改正プロ責法5条2項）が含まれることになりまし
た（改正プロ責法2条7号）。

ます（第204回国会　総務委員会　第13号　竹内芳明政府参考人
の答弁）。

又は

b　相手方が①侵害情報の発信者の氏名及び住所②権利侵害に係る
他の開示関係役務提供者を特定するために用いることができる発信
者情報（投稿時のIPアドレス等）のいずれも保有していないこと（改
正プロ責法5条1項3号ロ）＊TwitterやInstagramが該当すると思わ
れます。

又は

c　開示を受けた投稿時のIPアドレス等では発信者の特定ができず、
ログインIPアドレス等の開示を受けないと、発信者の特定ができな
いこと（改正プロ責法5条1項3号ハ）。＊注意が必要なのは、既に、
投稿時のIPアドレス等の開示を「受けた」ことも要件となっている
点です。つまり、投稿時のIPアドレスの開示請求を先行させる必
要があると思われます。

(4) 総務省令の内容

「侵害関連通信」及び「特定発信者情報」については、いずれも総務省令で
その具体的内容が定められることになっています。

特に気になる点は、どこまでの時的範囲のログインIPアドレスの開示が認め
られるかです。

例えば、時的範囲の制限がなければ、投稿時のIPアドレスのログの保存期
間が数年前に経過していても、直近のログインを捉えて、改正プロ責法5条1
項3号ロに基づき、開示請求ができる余地があります。

具体的内容については、総務省令の内容を待つしかないでしょう。

なお、改正後の総務省令については、権利侵害投稿が行われた時期にかか
わらず適用されると考えられます（発信者情報開示の在り方に関する研究会
「『発信者情報開示の在り方に関する研究会』最終とりまとめ（案）に対する意
見募集結果」18頁）。

4章

加害児童・
学校等に対する
責任追及

第 1 | 本章の目的

　本章では、ネットいじめへの対応のうち、「責任追及」（1章第1・3）について論じています。

　2章や3章で述べた方法・対応を用いれば、加害児童や加害行為に関する証拠をある程度集めることができます。本章ではこれらの証拠を用いて、学校や加害児童に対して具体的な要求を行っていく手法について述べます。

第 2 | 民事・刑事上の責任

1 削除請求

　通常、発信者情報開示請求が成功した場合には、サイト管理者やサーバ運営者に対する削除請求も認められます。

　被害者が認知していなかった発信者の別の投稿が掲載され続けているケースも少なくありません。

　そこで、発信者が特定できた場合には、発信者に対し他の投稿が存在していないか確認を求め、他の投稿が存在する場合には削除を求める必要があるでしょう。

2 損害賠償請求

（1）加害児童および保護者に対する請求

ア　適用条文

　損害賠償請求を行う際には、適用条文に注意する必要があります。

まず、加害児童が12歳くらい（加害児童の精神的な発達の程度に応じて個別に判断するものとされています。）であれば責任能力がないとされています（民法712条）。したがって、保護者の監督義務者責任（民法714条）の規定が適用され、保護者が損害賠償義務を負うことになります。

13歳から14歳くらいになると、加害児童の責任能力が肯定されるようになり加害児童自身が損害賠償義務を負うことになります（民法709条）。この場合にも保護者自身の監督責任（民法709条）を問うことは可能ですが（最判昭和49年3月22日判タ308号194頁）、その監督義務違反は民法820条所定の日常的な監督義務の違反では足りず、具体的な結果との関係で、これを回避すべき監督義務の違反が認められる必要があるとされています（最判平成18年2月24日判タ1206号177頁）。

加害児童の責任能力に関する情報を被害児童側は持っていないので（日常態度やいじめの態様などから責任能力を推認するほかない。）、よくわからない場合には二つの法律構成を併記し選択的併合（保護者）、もしくは同時審判の申出（加害児童）とするのがよいでしょう。

さらに、加害児童の年齢が15歳より上の場合は加害児童のみが損害賠償義務（民法709条）を負い、保護者の監督責任（民法709条）が肯定される可能性はかなり低くなるので注意が必要です。保護者が法定代理人として出廷し、実質的な訴訟当事者として活動することは十分あり得ますが、あくまで保護者は代理人であり当事者ではないので、保護者に対して強制執行を行い損害を回復することは困難です。

なお、加害児童が複数である場合には、いじめ行為について客観的関連共同が認められるのであれば共同不法行為（民法719条）となり、加害

適用条文		
加害児童の年齢	加害児童の責任	保護者の責任
12歳まで	責任能力なし（民法712条）	民法714条
13歳以上	民法709条	民法709条の適用の余地あり

児童はそれぞれ損害額全額について責任を負います。

イ　要件と論点

（ア）　故意または過失

　　加害児童のいじめ行為が認定されれば故意または過失が認められるため、通常の事案では争点になる可能性は低いと思われます。ただし、自死事案では過失の内容として予見可能性が大きな争点となることが多いので注意が必要です。詳しくは6章で述べます。

　　加害児童の保護者の責任を追及する場合には、保護者の過失としていかなる義務違反行為があるといえるのか法律構成を工夫する必要があります。交通事故の判例ですが、保護者について、子どもの生活環境を親が把握して改善する義務の違反があったと認定したものがあり（広島高松江支判昭和47年7月19日民集28巻2号362頁）、参考になります。

（イ）　損害

a　慰謝料

　　ネット上の書き込みによって発生する損害のうち、もっとも典型的なものは慰謝料です。

　　インターネット事件における慰謝料の考慮要素としては、裁判例を分析すると、①加害行為の動機・目的、②摘示内容（表現内容、個人の特定性）、③真実性、④相当性、⑤インターネットに掲載されていた期間、⑥閲覧者数、⑦削除の有無、⑧被害者の社会的地位、⑨被害者の社会的評価の低下ないしプライバシー侵害の程度、⑩被害者の営業上の不利益、⑪被害者の社会生活上の不利益、⑫加害者の反省の態度、⑬被害回復措置の有無などです。

　　実務感覚では、慰謝料額は100万円を超えないことも多く不当に低廉である印象を受けます。

　　筆者は、上記の考慮要素について証拠を付して丁寧に論じたり、

慰謝料額が低廉であることを問題視した司法研修所「損害賠償請求訴訟における損害額の算定」判タ1070号4頁の論文を提出する等して、慰謝料額の増額を図っています。

b 弁護士費用

慣例的に、弁護士費用としては慰謝料額の10％が相当因果関係のある損害と認められています。

しかし、慰謝料額の10％という金額では、民事法律扶助の代理援助立替基準未満の水準であり、10％を超える部分の弁護士費用に一律相当因果関係がないという判断には疑問を感じざるを得ません。

裁判例の中にも、慰謝料額の10％を超える弁護士費用を認めたものもあるので（東京地判平成24年9月4日ウエストロー2012WLJPCA09048004等）、挑戦してみる価値はあると思います。

c 調査費用

発信者情報開示請求や削除請求を経た損害賠償請求訴訟においては、発信者の特定や削除に要した弁護士費用等を「手続費用」名目で、投稿と相当因果関係のある損害として、発信者に請求することが認められることが多いです（東京地判平成26年7月17日ウエストロー2014WLJPCA07178001、東京地判平成26年7月25日ウエストロー2014WLJPCA07158004、仙台地判平成26年11月11日判例秘書L06950548）。なお、サイト管理者が任意で発信者の情報を開示したケースであっても、かかる開示に要した弁護士費用が調査費用として認められることもあります。

d 逸失利益

後遺障害があれば理論的には主張可能ですが、損害といじめ行為との因果関係の立証が困難であるケースも多く、慎重な判断が必要となります。

（ウ）　時効

2020年4月から改正民法が施行されています。

a　旧民法

　　改正前の民法の規定は、損害及び加害者を知った時から3年間権利を行使しないとき、または不法行為時から20年経過したときは時効（長期については除斥期間）によって消滅するとしています（旧民法724条）。

b　改正民法（2020年4月1日から施行）

　　原則は改正前民法と同様、損害および加害者を知った時から3年間権利を行使しないとき、もしくは不法行為時から20年経過したときは時効によって消滅します（改正民法724条1項・2項）。

　　ただし、生命・身体の侵害による損害賠償請求権は、生命身体が保護する必要性の高い権利であることから、財産権等の侵害などによる他の損害賠償請求権とは異なる取扱いをすることとし、特例として、損害及び加害者を知った時から5年間行使しないときは時効によって消滅するとされています（改正民法724条の2）。

　　これをネットいじめに即していえば、単なる名誉感情の侵害であれば、時効期間は原則どおり3年ですが、ネットいじめ行為によって適応障害等を発症したことが診断書等により立証可能であれば、時効期間は5年となる可能性が高いといえます。詳細は、法務省法制審議会民法（債権関係）部会の、民法（債権関係）の改正に関する要綱案の取りまとめに向けた検討（1）をご確認ください。上記資料はインターネットでダウンロード可能です。

（2）学校等に対する請求

　　公立学校の場合と私立学校の場合とでは、適用条文が若干異なるので注意が必要です。

ア 公立学校の場合

（ア） 適用条文

　　市立、県立、国立等の公立学校に対して損害賠償請求を行う場合、国家賠償法1条1項、もしくは民法415条（安全配慮義務違反）が適用されます。

　　なお、国家賠償法1条2項により、教員個人に対する請求はできないとされている点に、注意が必要です（最判昭和30年4月19日判時51号4頁）。

（イ） 要件と論点

a 故意または過失

　　学校側の過失として、生徒の安全配慮義務違反、具体的には予見可能性と結果回避可能性が必要です。学校側がいじめ行為の認識があれば一定の損害が予見できるため、予見可能性判断では学校側のいじめの認識および認識可能性が争点となります。被害児童側としては、学校側が何月何日のどのいじめ行為について認識していたのか、可能な限り詳細に把握しておくことが必要です。

b 損害

　　先述した、「(1) 加害児童および保護者に対する請求」における記載と同様です。慰謝料、弁護士費用、調査費用などを請求することになります。

c 因果関係

　　被害児童が主張する損害が、いじめ行為により社会通念上当然に発生する通常損害であれば加害児童の予見可能性は不要ですが、特別損害であれば加害児童の予見可能性が必要となります。その点では、aで述べた故意または過失の判断と一部重複することとなります。

通常損害、当別損害の区別については、一般的には、現実に発生した損害のうち、その時代・社会の経済関係や生活様式から、予見可能性の証明の有無を問わず賠償すべきだと客観的に判断されるものが通常損害、それ以外が特別損害ということになります。

d　過失相殺

自死事案では争点となることがあります。詳細は6章で述べます。

e　時効

国家賠償法に基づく損害賠償請求権の消滅時効については同法4条により民法が適用されることから、国家賠償法に基づく損害賠償請求権についても今後は改正民法724条が適用されることになります。

イ　私立学校の場合

（ア）　適用条文

学校に対する損害賠償請求については、民法715条、もしくは民法415条が適用されます。また、幼稚園の事案ですが、園児同士の傷害事故について、幼稚園の代理監督者責任（民法714条2項）を肯定した裁判例もあります（和歌山地判昭和48年8月10日判時721号83頁）。小学校低学年のいじめ事案であれば、同条項を用いて責任追及を行うことも考えられます。

2020年4月施行の改正民法により、債権者が権利を行使できると知った時から5年、もしくは、権利を行使することができる時から10年間権利を行使しないときは、時効により権利が行使できなくなる点に注意が必要です（改正民法166条1項1号・2号）。

また、公立学校と異なり、教員個人に対する損害賠償請求（民法709条）も可能です。また、校長について、学校にかわって顧問を選任指導すべき立場にあったとして、代理監督者責任（民法715条2項）

を肯定した裁判例もあります（山形地判昭和52年3月30日判時873号83頁）。既に「(1) 加害児童および保護者に対する請求」部分で述べましたが、2020年4月施行の改正民法により、消滅時効期間が変わりましたのでご注意ください。

（イ）　論点

a 事業の執行について

　学校に対する損害賠償請求を行うにあたっては、いじめ防止策をとらなかった不作為が「事業の執行について」なされたものである必要があります（民法715条1項）。したがって、少なくとも加害児童が当該学校の生徒であることは特定しておく必要があります。

b 相当の注意

　民法715条但書は、使用者が被用者の選任及びその事業の監督について相当の注意をしたとき、又は相当の注意をしても損害が生ずべきであったときについては、使用者の責任が生じないと規定しています。教員にいじめの認識可能性がなければ、相当の注意をしても損害が生ずべきであったと判断されてしまう可能性がありますので、担任や学年主任の教員がいじめについてどの程度の認識を有していたのかは可能な限り具体的に把握しておく必要があります。709条における予見可能性と同様、自死事案では相当の注意の有無が大きな争点となることがあり得るので、注意が必要です。

c 過失相殺

　自死事案では争点となることがあります。詳細は6章で述べます。

3 謝罪・再発防止の要求

　発信を行った加害児童の方から権利侵害を認めて謝罪した場合には、さらに再発防止のために違約金の約束を求めることがあります。筆者は、和解の際に、「再度、被害者の権利を侵害する投稿を行った場合には、1個の投稿につき◯万円の違約金を支払うことを約する」といった違約金条項を入れることが多いです。

4 刑事罰

　民事上の違法な投稿は、犯罪になる余地もあります。

　なお、以下の（1）から（3）の犯罪は、すべて親告罪なので、刑事告訴をしない限り、公訴提起がされることはありません。

（1）名誉毀損罪（刑法230条）

　刑法230条は、「公然と、事実を摘示し、人の名誉を毀損した者は、その事実の有無にかかわらず、3年以下の懲役若しくは禁錮又は50万円以下の罰金に処する」と定めています。保護法益は、社会的評価である外部的名誉と解されています。

　注意が必要なのは、民事上の名誉権侵害の場合には、①事実摘示型と②意見論評型があり、かならずしも事実の摘示は必要ではないですが、刑事上の名誉毀損罪の場合には、構成要件として事実の摘示が必要となります。

　刑法230条の2は、違法性阻却事由を定めており、公共の利害に関する事実に係り、かつ、その目的が専ら公益を図ることにあったと認められる場合には、事実の真否を判断し、真実であることの証明があったときは処罰されません（刑法230条の2第1項）。

　さらに、刑法230条の2の真実性の立証ができない場合であっても、最大判昭和44年6月25日刑集23巻7号975頁は、「行為者がその事実を真実であると誤信し、その誤信したことについて、確実な資料、根拠に照らし相当の理由があるときは、犯罪の故意がなく、名誉毀損の罪は成立しない」と判示しています。

(2) 侮辱罪 (刑法231条)

刑法231条は、「事実を摘示しなくても、公然と人を侮辱した者は、拘留又は科料に処する」と定めています。

保護法益は、名誉毀損罪と同じく社会的評価である外部的名誉と解されています。つまり、社会的評価の低下がない民事上の名誉感情侵害は侮辱罪には該当しないことになります。

事実の摘示が不要ですので、民事上の意見論評型の名誉権侵害の場合は、侮辱罪に該当する余地があります。

(3) 死者に対する名誉毀損罪 (刑法230条2項)

刑法230条2項は、「死者の名誉を毀損した者は、虚偽の事実を摘示することによってした場合でなければ、罰しない」と定めています。

つまり、事実の公共性や目的の公益性がなかったとしても内容が真実であれば同条で処罰することができません。

なお、民事上は死者の名誉権自体は保護されません。

例えば、死後に死者の社会的評価を下げる投稿がされた場合には、死者自身の名誉権侵害という構成で損害賠償請求をすることはできませんが(遺族の敬愛追慕の情を侵害するという構成はあり得ます)、刑法230条2項で死者に対する名誉毀損罪として処罰を求める余地はあります。

(4) プライバシー権侵害の場合

刑法には、プライバシー権侵害自体を処罰する規定がありません。

もっとも、①軽犯罪法1条23号は、「正当な理由がなくて人の住居、浴場、更衣場、便所その他人が通常衣服をつけないでいるような場所をひそかにのぞき見た者」を処罰しており(窃視の罪)、②リベンジポルノ防止法3条1項は、第三者が撮影対象者を特定することができる方法で、性交等の画像記録を不特定又は多数の者に提供した者を処罰しており、プライバシー権侵害の一部をカバーしています。

第3 │ 具体的な請求手段

第2で述べた各請求について、どのような手段を用いて実現していくかについて述べます。

1 任意交渉

発信者を特定できた場合、まずは、謝罪・再発防止の要求、他の投稿の削除請求、損害賠償請求等を内容証明郵便で送ることが一般的です。

被害者が、発信者情報開示手続を行っている場合、発信者自身はプロバイダからの連絡を通じてかかる被害者の動きを認識していることが一般的ですので、交渉がスムーズに進むことも多い印象です。

2 訴訟

任意交渉に加害児童側が応じない場合、訴訟、もしくは後述するADRや民事調停を行うこととなります。

訴訟の特徴は、判決によって被害児童側と加害児童側、もしくは学校側との勝敗が明確になる点です。他方で、被害児童側には不法行為（民法709条）や債務不履行（民法415条）の要件事実について主張立証責任が課せられており、立証可能な証拠が揃っていないにもかかわらず提訴すれば敗訴のリスクを負うことになるので慎重な判断が必要です。

そうとはいえ、裁判所が判決ではなく和解による解決が適切と判断した事案においては、裁判官が和解による解決を双方に働きかけることも少なくありません。筆者の経験上、いじめ事件については和解による解決が望ましいと判断する裁判官は、他の事件と比較しても多い印象です。

3 ADR、民事調停

(1) ADR

ア ADRとは

　ADRとは裁判外での紛争解決手続のことをいいます。各都道府県の弁護士会もADRを設けているところが多いです。また、東京弁護士会では、専門的なADRとして、学校問題ADRが設置されています。

(https://www.toben.or.jp/bengoshi/ADR/senmon/)

　学校問題ADRでは「いじめや不登校などに対する学校の対応に不満がある場合」「いじめや暴行、学校事故で生じた損害賠償等を、相手方や学校に請求したい場合」「学校と保護者又は学生との対立が激しく、様々な支障が生じている場合」が取り上げられています。上記HPには、申立ての方法（申立書の記載）、ADRにかかる費用についても記載されています。参考にしてみるとよいでしょう。

イ ADRのメリット・デメリット

　メリットとしては、一般的に、手続が柔軟で早く経済的であること、申立内容が定型的でないこと、非公開であること、共感・納得型の解決が期待できること等がいわれています。特に、手続が柔軟であることや申立内容が定型的でないことは、訴訟の手続と比較して大変な利点といえるでしょう。また、先述した東京弁護士会の学校問題ADRでは、学校問題につき知見のある弁護士や専門研修を受けた弁護士があっせん人に就任するので、その点も、メリットだと思われます。さらに、民事訴訟ですと、最終的には金銭の話のみになってしまいますが、ADRですと、金銭だけでなく、その他の柔軟な解決方法（謝罪・再発防止策等）にまで踏み込んだ解決がなし得るので、この点もメリットの一つといえるでしょう。

　デメリットとしては、相手方が応じない場合があること、（訴訟よりは低額ですが）一定の費用がかかることが挙げられます。学校の設置者・学校やいじめの加害者がADR手続に応じる可能性がないという場合には不向きです。

　ただ、最近、ADRでいじめ自死事案が解決された例も報道されている（神戸新聞NEXT2020年2月27日）ので、今後の利用は増えていくと思わ

れます。

　なお、デメリットというわけではないですが、ADR自体は調査を行いません。ですので、ADRはあくまで、間を取り持ってもらう機関ということは意識しておいた方がいいでしょう。

（2）民事調停

ア　民事調停とは

　民事調停は、当事者同士が話し合いで問題の解決を図る裁判所の手続です。法廷で双方が争い、裁判官の判決によっていずれか一方のみを勝訴させる訴訟とは違って、民事調停では、裁判所の「調停委員会」が当事者双方の言い分を聴いて歩み寄りを促し、当事者同士の合意によってトラブルの解決を図ります。

イ　民事調停のメリット・デメリット

　民事調停のメリットは、一般的に、手続が簡易、円満な解決ができる、費用が安い、早く解決できる、調停調書には判決と同じ効力があるという点が挙げられます。また、非公開であること、裁判所を通じた証拠収集方法を利用できること、謝罪や再発防止を含めた柔軟な紛争解決が期待できることなどのメリットが挙げられます。

　デメリットとしては、当事者の合意が必要なので、相手が応じない場合には解決に至らないこと、調停委員会の委員が必ずしも学校問題に詳しいとは限らないこと等が挙げられます。ADRの場合と同じで、学校の設置者・学校やいじめの加害者が調停手続に応じる可能性がないという場合には、不向きです。もっとも、設置者・学校が裁判所上の手続に応じないということは、あまりないと思います（解決に至るかは別の問題ですが。）。

4　刑事告訴

　投稿内容が、名誉毀損罪（刑法230条1項）、信用毀損罪（刑法233条）、侮辱罪（刑法231条）に該当する場合には、捜査機関に対し、刑事告訴することも

可能です（刑事訴訟法230条）。

　刑事告訴は、被害者本人又はその法定代理人（親権者等）がすることができます（刑事訴訟法230条、同231条1項）。

　刑事告訴を受理すると、捜査機関は捜査をして、終局処分の判断をしなければなりません。

　実務的には、1回目から告訴状の原本が受領されることはほとんどなく、まずは、原本の写しを捜査機関に渡すことになります（職印の押印部分も写しにしてください）。郵送での受理は行われていないようです。

　本来、捜査機関が、刑事告訴の受理を拒否することはできないはずですが、捜査機関は刑事告訴の受理には非常に消極的であり、特にIPアドレスすら開示されていない段階ではほとんど受理されないのが現状です。

　また、名誉毀損罪等の知能犯は、約4割が告訴後1年以内には捜査機関の処理が終わらないという統計もあることから（第193回国会・参議院・法務委員会第9号委員会（平成29年4月25日）議事録）、捜査機関とのやり取りを繰り返している間に、アクセスログの保存期間が経過してしまうという事態もあり得ます。

　したがって、発信者を特定するという点においては、刑事告訴は基本的には使いにくい制度だと思われます。

　加えて、名誉毀損罪の起訴率は約3割（その過半数は略式起訴）であるといわれており、特に初犯であれば不起訴になる可能性の方が高いです。

　もっとも、刑事告訴は、仮に不起訴になったとしても、取り調べ等を経ることにより、再犯を防止できるという点においては非常に有意義な手続です。

　そこで、筆者は、民事事件だけでは再犯防止が期待できないケースでは、発信者を特定した上で、都道府県警察に設置された「告訴・告発センター」に告訴しています。「告訴・告発センター」とは、適正かつ迅速な告訴・告発の受理及び事件処理の徹底のために設置されたものであり、通常の警察署に告訴するよりは受理される可能性が高い印象です。

　名誉毀損罪は、親告罪なので（刑法232条1項）、犯人を知ったときから6ヶ月以内に告訴する必要があります（刑事訴訟法235条1項）。

　もっとも、「犯人を知ったとき」とは、犯罪終了後に犯人を知ったときのこと指します（最決昭和45年12月17日刑集24巻13号1765頁）。

インターネット上の名誉毀損罪の場合は、掲載が継続している限り、日々社会的評価を低下させ続けており、犯罪は終了していないものといえるので、告訴期間の起算ははじまらないと考えられます（大阪高判平成16年4月22日判タ1169号316頁）。

　なお、刑法41条により14歳未満の者は刑法上責任能力がないものとして扱われていることから、14歳未満の加害者について刑事処罰を求めることはできません。

5章

ネットいじめ
対策の実践
(生存事案)

第1 はじめに

　本章では、具体的な事例をもとに、対応方法を検討していきます。

　ネットいじめに対する対応は、投稿の削除から裁判まで多様なものがあり、いかなる対応策を採用するかは被害児童やその保護者の考え方によって多様です。そこで、「①投稿の削除を求めたい」、「②発信者を特定して謝罪や再発防止を求めたい」、「③学校側や加害児童の責任を追及したい」という三つのミッション（獲得目標）を設定し、それぞれについて取り得る対策をまとめてみました。また、やや実務的ではありますが知っておいた方がよい知識についてはコラムとして記載しています。

　1〜4章と比較すると、より実践的な内容となっています。実際にいじめ被害を受けている児童や保護者、相談を受けている弁護士や教育関係者の方々は、本章から読み始めることで具体的な対応の概要を把握することができます。その上で、より詳細を知りたい場合には1〜4章に戻るという読み方もお勧めです。

第2 事例

　娘はダンスが好きで、小学3年生の頃から自分が踊ったダンスをYouTubeやTikTokに投稿しています。私も娘のダンスをみて高評価をたくさんもらえるのがうれしく、動画のアップロードを手伝っていた時期もありました。ところが、中学校入学以降、小学生の頃の動画をネタにされ、学校で何人かの同級生から「ブサイク」「キモい」「死ね」といった暴言や暴力等のいじめを繰り返し受けるようになったようです。娘からは、上記生徒らがTwitterなどのSNSや掲示板を使い、娘の過去の動画のリンクに、

繰り返し学校での暴言と同様のコメントをつけて拡散しているとの相談を受けました。娘は次第に学校に行けなくなり、ここ1ヶ月は登校できていません。

第3 | mission ①
投稿の削除を求めたい

　投稿の削除を求めたい場合には、以下の方法を検討するといいでしょう。

　注意点としては、いずれの方法をとるにしても、必ず、該当のウェブサイトのURLが表示された形でスクリーンショットをとるなどして証拠を保全するようにしてください。証拠を保全しないまま、削除してしまうと、投稿内容やURLがわからなくなってしまい、後に発信者の特定等を試みようとしても困難になってしまう可能性が高いです。

　以下では、3章で詳述した削除請求の流れを簡単に復習します。

■1 ウェブフォーム・メールを用いた削除請求（本書73頁参照）

　本件では、まず、掲示板やSNSの中に「お問い合わせ」や「削除依頼」などといったものがないか、くまなく探します。

　ウェブフォーム・メールを用いることのメリットは、簡易かつ迅速であることです。

　早い場合には、1日で削除されることもあります。

　一例として、典型的なウェブフォームが設けてあるFC2ザ掲示板（https://thebbs.fc2.com）の場合の削除依頼の方法を紹介します（P158に掲載）。

　すべて入力が終わったら、確認を押して、削除依頼をしてください。削除依頼内容については、スクリーンショットを撮っておくとよいでしょう。

① まず、ヘッダー部分の「削除依頼」をクリックしてください。

② 「削除依頼」をクリックすると「削除依頼フォーム」が表示されます。

「お名前」「メールアドレス」「スレッド URL」「レス番号」を入力して下さい。「削除理由」は、タブを押すと以下の選択肢が出るので適切なものを選んで下さい。「個人名」「電話番号」「メールアドレス」「住所」「SNSのID」「個人情報全般」がプライバシー権にかかわるもの、「荒らし・誹謗中傷」が名誉権・名誉感情にかかわるものです。

最後に、「その他お問い合わせ内容」は、単に、「私の名誉が毀損されて困っています」などではなく、本書3章第4の内容を踏まえて、詳細に記載する必要があります。具体的には、同定可能性（自分についての投稿であるといえる理由）、侵害された権利、権利が侵害された理由（違法性阻却事由がないことも含みます）、投稿があることによって生じている被害等を記載するとよいでしょう。

記入をしたら
送信前に
スクリーンショット

2 テレサ書式による削除依頼（本書74頁以下参照）

　削除請求をしたいウェブサイトにウェブフォーム等がない場合には、サイト管理者かサーバ運営者に対し、テレサ書式による削除依頼を試みることになります。

まずは、本件ウェブサイトにサイト管理者を特定できる記載があるかを確認します。

ウェブサイト自体にサイト管理者を特定できる記載がない場合には、Whoisでドメイン登録者を調べます。もっとも、Whoisで調べても「Whois Privacy Protection Service」といった表記がされて、サイト管理者が特定できない場合も少なくありません。

サイト管理者が特定できない場合には、Whois（aguseがおすすめです）でサーバ運営者を特定し、テレサ書式を送ります。

③ 削除の仮処分の申立て（本書77頁以下参照）

ウェブフォーム等やテレサ書式での任意の削除請求をする場合には、削除の仮処分を申し立てるしかありません。

順調に進めば、仮処分の申立てから1ヶ月程度で削除することができます。

コラム

学校の先生が削除請求をしている

ネットいじめの相談を受けていると、学校のクラスの担任の先生が、被害児童からの相談を受けて削除請求を行っているという話を聞くことが少なくありません。インターネットに詳しくない教員もいるでしょうし、今日部活動など教員の長時間労働が問題視されることが少なくない中でこのような状況が続くことは、決して望ましいことではないように思います。

また、スクリーンショットの保存が適切になされない等、ネットいじめ対応に必要な証拠収集が不十分なケースがあるとも聞いています。教育現場において何らかの組織的対応を検討することが望まれます。

4 Googleのキャッシュの更新

　投稿の削除が無事完了したとしても、そのまま何もしなければ、Googleの検索結果には削除前の内容が表示されることがあります。

　そこで、Googleウェブマスターツール（https://www.google.com/webmasters/tools/removals）に削除が完了したことを入力し、キャッシュの削除申請をすることになります。

第4 | *mission ②*
発信者を特定して
謝罪や再発防止を求めたい

1 発信者情報開示請求

　発信者を特定する方法としては、裁判所を通じた発信者情報開示請求が一般的でしょう。

　まずは、サイト管理者かサーバ運営者を相手方として、IPアドレス等の開示を求める発信者情報開示の仮処分を申し立てます。

　そして、IPアドレス等の開示を受けたら、IPアドレスをWhoisで検索し、経由プロバイダを特定します。

　経由プロバイダを特定したら、テレサ書式等を送付してログの保存を求めた上で、発信者情報開示請求訴訟を提起します。

　全体として、順調に進めば、仮処分の申立てから6ヶ月程度で削除することができます。

2 学校に調査、対策を求める
(1)「当該児童と一定の人間関係にある」か否か

学校外でのネットいじめについて、
学校はどこまで調査義務を負うか

　いじめ防止対策推進法は、「いじめ」について、「児童等に対して、当該児童等が在籍する学校に在籍している等当該児童等と<u>一定の人的関係</u>にある他の児童等が行う心理的又は物理的な影響を与える行為（インターネットを通じて行われるものを含む。）であって、当該行為の対象となった児童等が心身の苦痛を感じているものをいう。」と定義しています。つまり、学校が同じである等、被害児童と加害児童が一定の人的関係を有していてはじめて「いじめ」に該当するのであって、一定の人間関係のない第三者による誹謗中傷コメントは同法が規定する「いじめ」には該当しないこととなります。

　学校が異なる生徒間でのいじめについて、同法27条は、「地方公共団体は、いじめを受けた児童等といじめを行った児童等が同じ学校に在籍していない場合であっても、学校がいじめを受けた児童等又はその保護者に対する支援及びいじめを行った児童等に対する指導又はその保護者に対する助言を適切に行うことができるようにするため、学校相互間の連携協力体制を整備するものとする。」と規定しており、必ずしも同じ学校に在籍していないと調査義務がないとまではいえません。

　また、「いじめの防止等のための基本的な方針」によれば、児童生徒や保護者からいじめにより重大な被害が生じたという申立てがあったときは、その時点で学校が「いじめの結果ではない」あるいは「重大事態とはいえない」と考えたとしても、重大事態が発生したものとして報告・調査等に当たることが規定されています。したがって、重大な被害について、「一定の人間関係」にある者の投稿が原因ではないと学校が考えたとしても、学校側は調査義務を負うことになります。

　もっとも、学校の調査は強制力を伴うものではありませんから、いじめ投稿に対する発信者情報開示等を学校の調査として行うことはできず、これらは被害児童や保護者が行う必要があります。

ネットいじめの特徴は、加害児童が誰であるか明白なことが少ない点にあります。本件においても、「ブサイク」「キモい」「死ね」といったコメントの記載や投稿の拡散を、学校とは無関係の第三者が行っている可能性も否定はできません。

　いじめ防止対策推進法2条1項は、いじめ行為を「当該児童等が在籍する学校に在籍している等当該児童等と一定の人的関係にある他の児童等が行う心理的又は物理的な影響を与える行為（インターネットを通じて行われるものを含む。）」と定義しています。後述するように学校にはいじめ防止対策推進法

コラム

いじめと転校について（公立小学校・中学校）

　児童生徒が就学する学校については、教育委員会が指定することになっています（学校教育法施行令5条2項）。また、教育委員会は、相当と認めるときは、保護者の申立てにより、その指定した学校を変更することができることになっています（同令8条）。「相当と認めるとき」については、「いじめへの対応、通学の利便性などの地理的な理由、部活動等学校独自の活動等」が具体的な理由として挙げられています（平成18年3月30日付文部科学省初等中等教育局長通知（17文科初第1138号））。

　ですので、いじめを受けている児童生徒は、上記法令および通知によって転校ができるということになります。いじめを受けている公立小中学校の児童生徒が転校を考えている場合は、上記法令と通知を示しつつ、学校と交渉し、学校が転校を許さない頑なな態度をとるならば、教育委員会と交渉を行うとよいでしょう。

　もっとも、転校してしまった場合、転校後は「当該児童と一定の人間関係にある」とはいえませんので、学校には将来におけるいじめを防止するための措置をとる義務はなくなるものと思われます。ですので、どのタイミングで転校の判断をするかは調査の進捗等を考慮しながら慎重に検討する必要があります。

23条に基づく調査義務や指導、助言義務がありますが、これらの義務は、加害児童が被害児童と同じ学校に通学しているなど、「当該児童と一定の人間関係にある」ことが前提となります。

したがって、本件においても、「ブサイク」「キモい」「死ね」といったコメントの記載や投稿の拡散を「当該児童と一定の人間関係にある」児童が行っている可能性が高いことについて、ある程度説明できるように準備ができていると理想的です。■で述べた発信者情報開示を行い、加害児童が同級生であることが明らかになっていれば、学校に調査、対策を求めることが一層容易になります。

(2) いじめに対する措置

いじめに対する措置については、いじめ防止対策推進法23条に規定があります。1項では保護者が学校への通報その他の適切な措置をとること、2項では学校が速やかにいじめの事実の有無の確認を行うための措置を講ずること、3項では学校がいじめをやめさせ、再発を防止するためにいじめを受けた児童又はその保護者に対する支援、および、いじめを行った児童等に対する指導又はその保護者に対する助言を行うこと、が各々定められています。

ですので、保護者としては、いじめ防止対策推進法23条1項に基づいて、児童等に対するいじめがあったことを学校に通報し、いじめの事実の有無の確認、および、いじめを行った児童に対する指導・その保護者に対する助言を要請するとよいでしょう。

要請のやり方に関しては、特に方式などはありませんが、書面で行い、かつ、回答期限も設けた方が無難だと思います。タイトルに拘る必要はありませんが、いじめの時期・いじめの相手方・いじめの具体的態様について記載する必要はあるでしょう。

本件でいうと、学校内での暴言や暴力、学校外においてTwitterで「ブサイク」「キモい」「死ね」という書き込みを行った加害児童について、調査・対応を求めることになります。

3 学校の設置者に対して重大事態として 調査、対策を求める

(1) 重大事態該当性の判断

　いじめ防止対策推進法28条1項2号では、「いじめにより当該学校に在籍する児童等が相当の期間学校を欠席することを余儀なくされている疑いがあると認めるとき」には、学校の設置者又はその設置する学校は、速やかに、組織を設け、調査を行うことになります。不登校の相当期間の目安は30日とされています（不登校重大事態に係る調査の指針）。

　本件は「ここ1ヶ月」とあるので、重大事態に当たることになります（なお、あくまで「目安」ですので、30日に満たないからといって重大事態に当たらないと考えることは誤りです。）。

(2) 調査組織設置の要請

　不登校重大事態の場合は、いじめ防止対策推進法28条1項2号に基づいて、事実関係を明確にするための調査が行われることになります。調査主体（設置者か学校か）を決定するのは学校の設置者（指針6頁）なので、学校の設置者に対して、調査の要請を行うことになります。学校の設置者は、公立学校の場合は地方公共団体、私立学校の場合は学校法人です。もっとも、公立学校の場合、学校の管理運営を行うのは教育委員会になりますので、要請は教育委員会に行います。要請を行うときは、書面で、かつ、期限を設けて行う方が無難でしょう。タイトルに拘る必要はありませんが、いじめの時期・いじめの相手方・いじめの具体的態様について記載する必要はあるでしょう。また、この要請がいじめ防止対策推進法28条1項2号に基づくものであることにも言及するとよいでしょう。Twitterへの書き込みが、当該学校の生徒において行われている疑いがあることについても触れておきましょう。

(3) 調査組織が設置された後

　自死の事案と異なり、不登校重大事態の場合、児童等が生存しています。そこで、調査組織に対して、保護者・児童等の方から、積極的に、被害内容やTwitterに関して資料の提出等をしていくことになります。

4 ADRや裁判所を利用した対策

(1) ADRの利用を考える

　損害賠償（だけ）ではなく、謝罪や再発防止を求めたい場合は、ADRを利用することが考えられます。

　ADRの制度内容およびメリット・デメリットは4章で言及していますので、参考にしてみてください。

　以下、東京弁護士会の学校問題ADRを参考に、申立方法について解説します（書式はP166に掲載）。

　「申立人」欄には、被害児童生徒の名前、保護者の名前、学校名を記載することになります。

　「相手方」欄には、いじめを行った者や学校名を記載することになります。

　「申立の趣旨」欄の、金員（の額）に関しては、損害賠償請求の項を参考にしてみてください。よくわからない場合は、「相当な金員の支払い」ということでよいでしょう。「謝罪や再発防止を求めたい」ということは、「具体的行為」のところで記載すればよいでしょう。

　「申立の理由」の「1」欄のところで、「いじめ」の項目に○をつけてください。他にも理由がある場合は、他の項目にも○をつけたり、その他の（　　）に書き加えましょう。

　「申立の理由」の「2」具体的事実欄のところで、いじめの具体的事実を書きましょう。本件では、「中学校入学以降、小学生の頃の動画をネタにされ、学校で何人かの同級生から暴言や暴力等のいじめを受けた」「SNSや掲示板を使い、娘の過去の動画のリンクに『ブサイク』『キモい』『死ね』といったコメントをつけて拡散している」ということを書くことになるでしょう。いつ、どこで、誰によって、上記行為が行われたか、ということについても書きましょう。

　「立証方法」欄について、上記行為を裏付ける資料のタイトルを記載し、また、資料そのものを添付しましょう。資料としては、申立人の陳述書、コメントが書いてある動画のスクリーンショット、発信者情報開示請求で出てきた資料、学校等の調査報告書等が考えられます。

　申立書と必要書類を東京弁護士会に提出して申立手数料を支払います。

　手続きは原則弁護士会館4階で行われます。

学校問題 ADR あっせん（仲裁）申立書

東京弁護士会紛争解決（仲裁）センター　御中

申立年月日			令和　　　年　　　月　　　日
申立人	住所	〒	
	氏名	（保護者名・学校名） （子どもの名前）	TEL：　　（　　　）
申立人代理人	住所	〒	
	氏名	印	TEL：　　（　　　）
相手方	住所	〒	
	氏名	（保護者名・学校名） （子どもの名前）	TEL：　　（　　　）
相手方代理人	住所	〒	
	氏名		TEL：　　（　　　）

※未成年者の場合（相手方が未成年者となる場合も含みます。）、保護者（親権者）の氏名をご記入の上、
　当該未成年者の氏名・年齢をご記入ください。
※保護者が当事者となる場合でも、子どもの氏名・年齢をご記入ください。

1

第1　申立の趣旨（申立人が相手方に対し求める結論）

　次の1から3の番号から選択して○印をしてください。また、必要に応じて空欄を補充してください。

1　金員（　　　　　　　　　　　　　　　円）の支払い

2　相当な金員の支払い

3　次の具体的行為

とのあっせんを求めます。

第2　申立の理由（申立人が相手方に対し主張する申立の根拠）

1　本件は、

　学校事故、いじめ、体罰、性的トラブル、不登校、その他（　　　　　　　　　　）に関する紛争です。

※上記の項目から本件において該当する項目を選択し、○印をしてください。また、必要に応じて空欄を補充してください。

2　具体的事実

立証方法

1

2

3

※申立の理由を基礎付ける証拠がある場合には、その写しを添付してください。

添付書類

1

2

3

※原則として、申立書3通と証拠書類の写しを各3通添付してください。

※法人の場合には、その法人の代表者の資格証明書を添付してください。

※未成年者の場合（相手方が未成年者の場合も含みます。）には、その親権者であることがわかる書類を添付してください。

※代理人が就く場合には、委任状を添付してください。

2

申立手数料だけでなく、期日手数料及び成立手数料が発生します。

　詳しくは東京弁護士会学校問題ADRリーフレットをご覧ください（https://www.toben.or.jp/pdf/schoolADR_leaflet.pdf）。

　先述しましたが、ADRは、強制力がないので、相手が手続に全く応ずる見込みがない場合は不向きです。逆に、相手が応ずる見込みがある場合は、柔軟な解決ができることや、専門ADRの場合、学校問題に詳しいあっせん員が担当することが、特筆すべきメリットだと思います。

（2）民事調停の利用を考える

　損害賠償（だけ）ではなく、真相解明、謝罪、再発防止を求めたい場合は、民事調停を利用することも考えられます。

　民事調停の制度内容およびメリット・デメリットは4章で言及していますので、参考にしてみてください。

　民事調停の場合、学校問題特有の調停はありません。ですので、民事一般調停として、申立てをすることになります。以下、東京簡易裁判所の書式に従って申立方法について簡単に説明します（書式はP170に掲載）。

　「相手方」欄にはいじめを行った者や学校の設置者（地方公共団体又は学校法人）を記載しましょう。被害児童生徒は未成年であることが多いと思われるので、その場合は、法定代理人も記載しましょう（多くは父母）。申立人○○法定代理人親権者父□□、申立人○○法定代理人親権者母△△のように記載すればよいでしょう。いじめを行った者は未成年のことが多いと思われるので、その場合は、法定代理人も記載しましょう（多くは父母）。相手方が複数いる場合は、2人目以下は当事者の表示（追加用）に記載しましょう。

　「申立の趣旨」欄には、「相手方は申立人に、金○○円を支払え。」（または、相手方は申立人に、相当額の金員を支払え）「相手方は、申立人に、○○について謝罪せよ」「相手方は、申立人に対して、○○のようなことが生じないように再発防止措置を講ずることを約束せよ」というようなことを記載すればよいでしょう。

　「紛争の要点」の欄には、いじめの具体的事実を書きましょう。本件では、「中学校入学以降、小学生の頃の動画をネタにされ、学校で何人かの同級生から

暴言や暴力等のいじめを受けた」「SNSや掲示板を使い、娘の過去の動画のリンクに『ブサイク』『キモい』『死ね』といったコメントをつけて拡散している」ということを書くことになるでしょう。いつ、どこで、誰によって、上記行為が行われたか、ということについても書きましょう。

「添付書類」の欄には、上記行為を裏付ける資料のタイトルを記載し、また、資料そのものを添付しましょう。資料としては、申立人の陳述書、コメントが書いてある動画のスクリーンショット、発信者情報開示請求で出てきた資料、学校等の調査報告書等が考えられます。未成年者が当事者となる場合には、法定代理権を示す書類（戸籍謄本等）も添付し、学校法人が当事者となる場合には、資格証明書（全部事項証明書）も添付しましょう。

民事調停は、裁判所で行われ、調停委員が申立人から紛争の実情を聴取し、その上で、相手方から言い分を聴取するのが通例になっています。一般的に、申立人と相手方は順番に呼ばれ、調停成立の際に、一堂に会することが一般的です。なお、調停手続は非公開で行われます。

先述しましたが、民事調停は、強制力がないので、相手が手続に全く応じる見込みがない場合は不向きです。逆に、相手が応ずる見込みがある場合は、柔軟な解決ができることや非公開であることは（外部に知られたくない場合は）メリットとなるでしょう。なお、裁判所から呼び出しがあった場合、少なくとも学校の設置者は、裁判所に出頭することが一般的だと思います。

調停
（□については，レ印を付したもの）

調停事項の価額	円
ちょう用印紙額	円
予納郵便切手の額	円

受付印

調停申立書

東京簡易裁判所　御中

令和　　年　　月　　日

申立人の住所・氏名・電話番号等

郵便番号　　〒　　　　　−

住所

氏名　　　　　　　　　　　　　　　　　　　　　　　印

送達場所　　□ 上記住所地　　□ 次のとおり

電話　　　　　　　　　−　　　　　　−

ファクシミリ　　　　　−　　　　　　−

相手方の住所・氏名

郵便番号　　〒　　　　　−

住所

氏名

□ 別紙のとおり当事者複数あり

1

申立の趣旨

調停

紛争の要点

調停申立書（4）

添付書類
- □
- □
- □
- □

4

当事者の表示（追加用）

（□については，レ印を付したもの）

（注）この用紙は，申立人又は相手方が複数いる場合に使用する。当事者が申立人
である場合は，送達場所，電話及びファクシミリ欄にも記入すること

当事者　□申立人　□相手方

郵便番号　〒　　　　－

住所

氏名　　　　　　　　　　　　　　　　　　　　　　　　　　印

送達場所　　□ 上記住所地　□ 次のとおり

電話　　　　　　　　　　－　　　　　　　－

ファクシミリ　　　　　　　－　　　　　　　－

当事者　□申立人　□相手方

郵便番号　〒　　　　－

住所

氏名　　　　　　　　　　　　　　　　　　　　　　　　　　印

送達場所　　□ 上記住所地　□ 次のとおり

電話　　　　　　　　　　－　　　　　　　－

ファクシミリ　　　　　　　－　　　　　　　－

当事者　□申立人　□相手方

郵便番号　〒　　　　－

住所

氏名　　　　　　　　　　　　　　　　　　　　　　　　　　印

送達場所　　□ 上記住所地　□ 次のとおり

電話　　　　　　　　　　－　　　　　　　－

ファクシミリ　　　　　　　－　　　　　　　－

5

5 警察への通報

いじめ防止対策推進法23条6項には「学校は、いじめが犯罪行為として取り扱われるべきものであると認めるときは所轄警察署と連携してこれに対処する」とあります。

本件の場合ですと、暴力は暴行罪・傷害罪に当たり得ますし、Twitterへの書き込みは侮辱罪にも当たり得ます。ですので、保護者側から学校に対して警察署と連携するよう要請する（書面で、かつ、条文を示すこと）か、または、保護者自身が警察署に相談して被害届等の提出をするとよいと思います。警察に相談する際には、被害の状況等を時系列でまとめた上で、診断書やTwitter等の資料を持参すると話がスムーズに進むでしょう。

実際に少年事件になった場合は、加害児童の側から謝罪（示談）を求められることもあります。ただ、警察を介する手段は、原則、刑事罰を求めるためのものであり、謝罪や再発防止を求めるものではないことには注意が必要です。

第5 | *mission* ③ 学校側や加害児童の 責任を追及したい

1 民事裁判・調停

(1) 目的

本件のような生存事案では、損害額は慰謝料を中心とすることになります。日本の裁判実務において慰謝料の金額は当事者が求める金額よりも低い金額となることが多いので、民事裁判や調停を行うことによる経済的メリットについては慎重に判断する必要があります。

もっとも、経済的メリットよりも加害児童や学校の責任を明らかにすることに主眼を置くのであれば、明確な結論が出る裁判を選択するメリットは十分考

えられます。

(2) 論点

　まず、加害児童らがいつどのようないじめ行為を行ったのか、客観的証拠を収集することは絶対に必要です。発信者情報開示請求や、学校設置者に対して重大事態としてアンケートや生徒への聴き取りを求める等の証拠収集作業はきちんと行う必要があります。

　加えて、本件は「ブサイク」「キモい」「死ね」といったコメントや学校における類似の発言を理由とする損害賠償請求ですので、法律構成としては名誉感情侵害を理由に不法行為の成立を主張すべき事案です。名誉感情侵害については、後述する訴状サンプルに記載したとおり、社会通念上許される限度を超えた侮辱行為に該当するか否かが問題となりますが、プライバシーや名誉権侵害と比較して法的責任が認められるためのハードルは若干高めです（詳細は3章第4参照）。訴状では、投稿や校内での侮辱的発言がかなりの頻度で繰り返されていることを強調して社会通念上許される限度を超えた侮辱行為に該当すると説明しています。

(3) 回収可能性と和解

　いじめを行った生徒および保護者が資産を有していないことがときにはあります。

　経済的利益を目的に提訴する被害児童や保護者は少ないとは思います。とはいえ、仮に勝訴しても全く回収の見込みが立たない場合、特に保護者としては感情的に収まりがつかなくなり、なんのために長い時間と労力をかけて裁判をしたのかわからない、むしろ敗訴したような気持になってしまうケースも散見されます。

　弁護士は専門家としての立場から、そのような結果となるリスクも考慮して、提訴前に回収可能性は十分考慮し、保護者にアドバイスを行うべきでしょう。

　いじめに限らず訴訟においては判決よりも和解の方が回収可能性が高いとされています。訴訟において判決か和解かを選択する際にも、回収可能性は十分検討すべきでしょう（書式はP178に掲載）。

2 刑事告訴

　本件では、暴力は暴行罪・傷害罪に当たり得ますし、Twitterへの書き込みは侮辱罪にも当たり得ますので、刑事告訴をすることが考えられます。

訴状

○年○月○日

東京地方裁判所　御中

原告ら訴訟代理人弁護士　　和泉　貴士

同上　　　　　　田中　健太郎

同上　　　　　　細川　潔

当事者の表示　別紙当事者目録記載のとおり

損害賠償請求事件

訴訟物の価額　　　　　260万0000円

貼用印紙額　　　　　　1万8000円

1

請求の趣旨

1 被告らは、原告に対し、連帯して金260万円及びこれに対する2020年4月〇日から年3分の割合による金員を支払え

2 訴訟費用は被告らの負担とする

との判決ならびに仮執行宣言を求める。

請求の原因

第1　当事者等

　　原告と被告〇川〇男（以下、「被告〇川」という。）、被告〇谷〇彦（以下、「被告〇谷」という。）は、〇年度、〇市立〇中学校（以下「〇中学校」という。）に在籍していた中学1年生の生徒であった。

　　本件事件発生時、原告は中学1年〇組の生徒であり、被告〇川は中学1年〇組の生徒、被告〇谷は中学1年〇組の生徒であった。

第2　本件いじめ事件について

**　1　原告によるダンス動画の投稿**

　　　原告はダンスが好きで、小学3年生のころから自分が踊ったダンスをYouTubeやTikTokに投稿するようになった。

**　2　被告らによるからかい行為**

　　　2020年4月に、原告が〇中学校に入学すると、原告は、休み時間に学級内において、被告らから原告が過去に投稿した動画をネタに「ブサイク」、「キモい」などと大声でからかわれるようになった。

**　3　被告らによる電子掲示板への投稿**

**　（1）　被告らによる電子掲示板への度重なる投稿**

　　　2020年5月ごろから、〇〇掲示板という電子掲示板において、原告の投稿した動画のURLを引用した投稿が多数行われるようになった（以下「本件投稿」とする。別紙投稿記事目録参照）。

　　　本件投稿は、いずれも原告が過去に投稿した動画のURLがリンクとして記載されたうえで、上記動画に収録された原告のダンスについて「ブサイク」、「キ

2

　　　モい」などのコメントが連続して繰り返し記載されている。本件投稿は、インターネットを通じて不特定多数人に公開されている（甲○）。

(2)　掲示板管理者からの発信者情報開示

　　　原告は、本件掲示板の管理者である訴外○○を債務者として、発信者情報開示の仮処分の申立てをし、投稿者に関するIPアドレス・タイムスタンプ等の発信者情報の仮の開示を明示する仮処分決定が出された（甲○）。

　　　そして、同決定により、訴外○○から、IPアドレス・タイムスタンプ等の任意開示を受けた（甲○）。

　　　開示結果をWhois検索したところ、本件記事は、訴外○○を経由プロバイダとしてなされたものであることが判明した。

(3)　経由プロバイダからの発信者情報開示

　　　そこで、原告は、訴外○○を被告として、特定電気通信役務提供者の損害賠償責任の制限及び発信者情報の開示に関する法律（以下「プロバイダ責任制限法」という。）に基づく発信者情報の開示を求める訴訟を○○地方裁判所に提起した。

　　　同訴訟では、原告請求を全部認容する判決が言い渡され、その後同判決は確定している（甲○）。

　　　その後、訴外○○は同判決に従って、本件投稿にかかる発信者情報として、被告の住所・氏名を原告に対して任意開示した（甲○）。

　　　訴外○○からの開示結果により、本件記事の発信者が被告らであることが判明した。

(4)　名誉感情侵害

　　　名誉感情侵害については、一般閲覧者の普通の注意と読み方を基準とし、社会通念上許される限度を超えた侮辱行為がある場合には人格権侵害となる（最判平成22年4月13日民集64巻3号758頁参照、東京地判平成28年10月18日判例秘書L07132435）。

　　　侮辱行為が、社会通念上許される限度を超えるか否かの判断においては、①表現内容（東京地判平成28年11月18日判例秘書L07133040）②具体的根拠の有無（東京地判平成29年2月14日判例秘書L07230833）③侮辱の回数（東京地判平成28年9月14日判例秘書L07132024）④対象者の属性（東京高判平成28年4月21日D1-Law28241600、東京地判平成29年5月29日判例秘書L07231726）⑤当事者の主観的意図（横浜地川崎支判平成29年4月27日判例秘書L07250508）などが考慮されている。

3

　本件では、原告が過去に投稿した動画のURLがリンクとして記載されたうえで、上記動画に収録された原告のダンスについて「ブサイク」、「キモい」という原告の容姿やダンス表現に対する否定的な表現が連続して繰り返し投稿されており、その回数は〇回という極めて多数である。そして上記表現および回数に加えて、後述するように〇中学校の基本調査結果においても、被告らが原告に対しクラスで同様の発言を行っていた事実からすれば、被告らの原告に対する攻撃的意図は明らかである。

4　〇中学校による基本調査

　2020年〇月、〇中学校による基本調査が行われ、原告の同級生に対するアンケートおよび面接調査が行われた。その結果、2020年4月から5月にかけて、被告らが原告に対し本件投稿と同内容の「ブサイク」、「キモい」等の発言を繰り返し行っていた旨の事実が確認された。

第3　被告らの責任

　被告らは原告に対し「ブサイク」、「キモい」等の発言を繰り返し行い、別紙投稿記事目録記載の投稿において同様の発言を繰り返し行った。かかる行為は、いじめ防止対策基本法2条が定義するところの「いじめ」に該当する。上記行為の結果、原告は〇中学校に登校することができなくなった。したがって、原告は、被告らに対し、不法行為に基づく損害賠償請求権を有する。

　そして、上記のとおり、被告らは共同して第2の2及び同3（1）の加害行為を行っていることから、客観的関連共同性があることは明らかであり、共同不法行為（民法719条）に基づき、不真正連帯債務を負う。

第4　損害

1　慰謝料額

　原告の受けた精神的苦痛を慰謝する金額は、200万円を下らない。

2　弁護士費用

　弁護士費用は、慰謝料額の10％である20万円を下らない。

3　調査査用

　原告は、被告を特定するために、サイト管理者である訴外〇〇に対する発信者情報開示仮処分と経由プロバイダに対する発信者情報開示請求訴訟を提起し、調査費用として40万円を要した。

4

第5　結語

　よって、原告は、被告らに対し、不法行為に基づき、260万円とこれに対する原告が本件事件を知った日である2020年4月〇日から支払済みまで民法所定の年3分の割合による遅延損害金を支払えとの判決を求める。

以上

証拠書類

1　甲号各証 各1通

附属書類

1　訴訟委任状　1通

2　戸籍謄本

5

6章

ネットいじめ
対策の実践
（自死事案）

第1 | はじめに

　本稿も5章と同様、具体的な事例をもとに、対応方法を検討していきます。

　近時、自死の一因としてネットいじめが指摘される事案が増えています。いじめがエスカレートする過程において、暴力や無視などのリアルな人間関係の中で生じるいじめ行為に加えて、SNSなどを使ったいじめ行為が併用され、結果として死の結果が生じることがあります。

　5章においても述べたとおり、ネットいじめに対する対応は、投稿の削除から裁判まで多様なものがあり、いかなる対応策を採用するかは被害児童やその保護者の考え方によって様々です。加えて、自死事案では深刻な感情的対立が発生しがちなこと、いじめ自死事案特有の論点が存在することなどから、難易度の高い事案になることが予想されます。本章では、「①投稿の削除や、投稿者を特定して謝罪を求めたい」、「②学校や教育委員会に真相解明と再発防止を求めたい」、「③学校側や加害児童の責任を追及したい」という三つの獲得目標を設定し、それぞれについて取り得る対策をまとめてみました。

　本章も1〜3章と比較すると、より実践的な内容となっています。家族を喪った遺族、相談を受けている弁護士や教育関係者の方々は、本章から読み始めることで具体的な対応の概要を把握することができます。

第2 | 事例

中学1年生の息子が自死しました。息子はサッカー部に所属しており、詳しいことはわからないのですが練習中にミスをし、それをきっかけに上級生からいじめられるようになったそうです。練習の前後に顧問の見ていな

いところで複数の生徒からからかわれたり、ボールをぶつけられたりして
いたようです。息子は、ある日の部活終了後、グラウンドでゴールキーパー
をするように言われ、複数の生徒から同時に息子の顔面を狙ったシュート
を受け、ボールが顔に当たり鼻血が出たところを携帯で動画撮影されたよ
うです。その様子や誹謗中傷がSNSや掲示板に投稿されているとチームメ
イトの保護者の方から電話がありました。

　また、息子の死は実名や学校名を伏せる形で新聞報道されインターネッ
ト記事も配信されました。その後、とあるインターネット掲示板に息子や
加害児童の実名、さらには息子の死の原因について明らかに事実と異なる
書き込みが掲載されてしまいました。誰が書き込みをしたかは不明ですが、
息子のことをある程度知っていないと書けない内容が記載されています。

第3 | *mission ①* 投稿の削除や、投稿者を 特定して謝罪を求めたい

1 被害者死亡後の削除請求

（1）遺族による被害者の人格権に基づく削除請求

　本件では、いじめを撮影した動画や誹謗中傷のコメントの削除、被害児童お
よび加害児童の実名、事実と異なる書き込みについて、削除請求を行うことが
考えられます。

　前提として、被害者が生存している場合には、被害者が、自身の人格権に
基づき削除請求をします。

　しかし、人格権は帰属上の一身専属権であり相続の対象ではないといわれ
ていることから、被害者が死亡した場合には、被害者の人格権に基づく削除請

求を遺族が相続して行使することは困難であるといわざるを得ません。

(2) 遺族自身の人格権に基づく削除請求

　そこで、被害者死亡後の削除請求には以下のような法律構成が考えられます。

ア　遺族の名誉権やプライバシー権人格権侵害

　　投稿の内容次第ですが、ある投稿内容が、一般の読者の普通の注意と読み方を基準として、故人だけでなく、遺族自身の名誉権やプライバシー権を侵害するような内容であると捉えることができるのであれば、遺族が自身の人格権を侵害されたとして、削除請求をする余地があります。

　　この点については、事例判断ではありますが、静岡地判昭和56年7月17日ウエストロー1981WLJPCA07170004は、「社会生活上ある者の名誉の低下が一定の近親者等の名誉にも影響を及ぼすことのある実情を考慮すると、新聞記事によって死者の名誉が毀損された場合には、一般に、社会的評価の低下はひとり死者のみにとどまらず、配偶者や親子等死者と近親関係を有する者に及ぶことがあることは肯認しうるところであるといわねばならない。」と判示しており参考になります。

　　本件では、例えば、「この動画の子、自殺したんだって」といった投稿がある場合、子が自殺したことは遺族たる親にとっても純然たる私生活上の事実であるといえるので、遺族自身のプライバシー権侵害と構成する余地があるでしょう。

イ　遺族の「敬愛追慕の情」に基づく削除請求

　　遺族自身の名誉権やプライバシー権が侵害されているとは評価されない場合であっても、故人の人格権が侵害されたことによって、遺族の「敬愛追慕の情」という人格権を違法に侵害されたと評価できるのであれば、削除請求が認められる余地があります（東京地判平成25年6月21日ウエストロー2013WLJPCA06218001等）。

　　もっとも、敬愛追慕の情が侵害されたとしても直ちに違法となるわけではなく、死亡時から投稿時までに経過した時間の長短、摘示された事実が虚偽であるか否か、行為者が虚偽であることの確定的認識を有していたか否か、摘示された事実の重大性、投稿の目的、態様、必要性、当該

故人の社会的地位及び遺族と当該故人の関係等を総合考慮して、遺族の受忍限度を超えた場合に違法となります（上記裁判例）。

　子が自殺した場合、その自殺の原因となった動画や投稿がインターネット上に残っていることは、遺族にとっては耐え難い精神的苦痛であるといえますので、遺族の敬愛追慕の情を侵害していると主張する余地は十分にあるでしょう。

ウ　リベンジポルノ防止法

　私事性的画像記録の提供等による被害の防止に関する法律（以下「リベンジポルノ防止法」といいます。）4条は、私事性的画像記録の流通によって名誉やプライバシーが侵害されていると本人又は遺族（配偶者、直系の親族又は兄弟姉妹）から申し出があった場合については、発信者が照会を受けてから2日以内に削除に同意しない旨の申し出をしなかったときは、プロバイダ等が当該私事性的画像記録を削除しても損害賠償責任を負わない旨定めています。

　したがって、少なくとも、リベンジポルノの場合には、遺族が任意の削除依頼をすることは可能でしょう。

2 被害者死亡後の発信者情報開示請求

(1) 遺族による被害者の発信者情報開示請求権の行使

　被害者の発信者情報開示請求権を遺族が行使できるか否かは、発信者情報開示請求権が相続の対象になるか否かの問題です。

　この点を直接判断した裁判例はありませんが、最判平成16年2月24日判時1854号41頁は、公文書開示請求権について、一身専属権であり相続の対象にはならないと判断しています。判例タイムズは、その理由として、公文書開示請求権が非財産的権利であることを挙げています。

　そうすると、発信者情報開示請求権も公文書開示請求権と同様に非財産的権利といえるので、一身専属権として相続の対象とならず、遺族は被害者の発信者情報開示請求権を行使できないという結論になりそうです。

（2）遺族自身の発信者情報開示請求権の行使

　削除請求と同様、ある投稿内容が、一般の読者の普通の注意と読み方を基準として、故人だけでなく、遺族自身の名誉権、プライバシー権、敬愛追慕の情を侵害するような内容と捉えることができるのであれば、遺族が自身の人格権を侵害されたとして、発信者情報開示請求をする余地があります。

（3）死者の名誉毀損罪

　刑法230条2項は、虚偽の事実を摘示して死者の名誉を毀損した場合は、処罰する旨定めています。

　そこで、上記要件に該当する場合、遺族が名誉毀損罪で刑事告訴して発信者を特定するという方法も考えられます。

第4 | *mission ②* 学校や教育委員会に 真相解明と再発防止を求めたい

1 「当該児童と一定の人間関係にある」こと

　5章第4・2においても述べたように、ネットいじめの特徴は、加害児童が誰であるか一見して明白とはいえない点にあります。もっとも、本件においては、いじめが行われたのが学校のグラウンドであり、動画の撮影や投稿日時から部活動終了後であることが明らかであれば、投稿を行った者が、いじめ防止対策推進法2条1項が規定する「当該児童と一定の人間関係にある」ことの説明は容易と思われます。

　したがって、本件投稿はいじめ防止対策推進法が規定するいじめの定義に該当することになるため、学校設置者には後述する措置をとる義務が生じることになります。

2 第三者調査委員会 (重大事態)

(1) 基本的な考え方

　自死の原因としていじめが疑われる場合は、いじめ防止対策推進法28条に基づく調査を進めることになります。

(2) 具体的な行動

ア　要請先＆要請方法

　　調査の要請は、学校の設置者に対して行うことになります。学校の設置者は、私立学校の場合は学校法人です。公立学校の場合は、地方公共団体なのですが、学校の管理を行うのは教育委員会なので、教育委員会へ要請を行うことになります。

　　具体的には、配達証明付き内容証明郵便で要請を行い、その後、担当者と面談することが多いでしょう。要請書については、タイトルに拘る必要はありませんが、自死の原因としていじめが疑われること、いじめの時期・いじめの相手・いじめの態様（遺族の方で把握している限りで構いません）、要請がいじめ防止対策推進法28条に基づいていることについて書くことになります。併せて、行われているはずの基本調査の内容を確認し、教育委員会等や学校が有している資料提出も要請し、第三者調査委員会の設置を確約しましょう。

イ　第三者調査委員会と遺族とのかかわり方

（ア）　基本的姿勢

　　　第三者調査委員会任せにしてはいけません。遺族しか知らないことも多々あるのです。

（イ）　意見書の提出

　　　遺族側から積極的に意見書等を提出するべきです。

　　　意見書の内容としては、①時系列表を作成する（遺族が認識している事実を記載する）、②時系列表に資料を添付する（メール、LINE、Twitter、日記、メモ、物を壊された場合はその物等）、③いじめの内容を書く（資料からわかること、遺族が子どもから聞いたこと、遺族が子ども以外の第三者（子どもの友人・親等）から聞いたこと等）と

いうことになるでしょう。

（ウ）　遺族の意見表明

　　　第三者調査委員会の場での意見表明の機会も設けてもらいましょう。

（エ）　遺族に対する事情聴取

　　　調査の段階で、委員から遺族に関する事情聴取の機会がある（意見表明とは別）ので、事情聴取において遺族が認識している事実や想いを主張しましょう。

（オ）　調査結果報告書

　　　第三者調査委員会で調査が行われると、報告書が作成されます。その際、遺族としては、①内容の確認、②公表方法の確認を行いましょう。公表に関しては、そもそも公表を望むのか・望まないのか、また、どのような方法で公表するのか（HP上で報告書を公開するのか、HP上で情報公開可能ということを載せるのか）、さらに（HP公表の場合）概要を公開するのか・全文を公開するのか・両方か・いつまでか、といったことが問題となります。どのような公表方法を望むのかは遺族によりまちまちです。

（カ）　遺族の所見

　　　調査結果は地方公共団体の長等に報告されますが、その際に、保護者（遺族）は調査結果に係る所見をまとめた文書を報告に添えることができます。報告書がHPに公表された際に、遺族からの要望に基づき、所見もHPに掲載されたことがあります。調査結果について「若干不満は残るが、再調査を求めるまでではない」という場合には、所見を出すという方法は有効と思われます。

（キ）　再調査の要求

　　　以下の場合には、地方公共団体の長等は、再調査を行うことができます。

　　①調査等により、調査時には知り得なかった新しい重要な事実が判明した場合又は新しい重要な事実が判明したものの十分な調査が尽くされていない場合

②事前に被害児童生徒・保護者と確認した調査事項について、十分
　な調査が尽くされていない場合
③学校の設置者及び学校の対応について十分な調査が尽くされてい
　ない場合
④調査委員の人選の公平性・中立性について疑義がある場合

　ですので、①〜④の事由がある場合は、遺族は地方公共団体の長
等に対して再調査の要請を行うことになるでしょう。

3 遺族側代理人の必要性

(1) 代理人が行うこと自体は、「第三者調査委員会と遺族とのかかわり方」で、
　遺族が行うこととして書いたことと基本的に同じです。
(2) ただ、学校の設置者が第三者調査委員会設置を頑なに拒んだり、いじめ
　防止対策推進法等に対して詳しくなかったりすることも多々あります。
(3) ですので、第三者調査委員会設置の交渉や設置後の第三者調査委員会に
　対するアプローチに関しては、代理人に任せた方が無難だと思います。

4 第三者調査委員会の調査委員について

(1) ガイドラインの規定

　調査委員について、ガイドラインでは、公平性・中立性が確保された組織が
客観的な事実認定を行うことができるよう構成すること、とされています。
　具体的には、弁護士、精神科医、学識経験者、心理・福祉の専門家等の専
門的知識及び経験を有する者で、当該いじめ事案の関係者と直接の人間関係
又は特別の利害関係を有しない者とされています。
　また、ガイドラインでは、職能団体や大学、学会からの推薦等により参加を
図るよう努めるものとする、ともされています。

（2）職能団体推薦とする場合に注意すべき点

　中立性を担保できる職能団体に推薦要請をすることが重要です。例えば、弁護士委員を推薦依頼する場合は、地元単位会の弁護士会（○○県弁護士会）ではなく、日本弁護士連合会に推薦依頼する等の工夫が必要でしょう。

（3）遺族側推薦や設置者側推薦

　調査委員に関しては、職能団体推薦という方式もありますが、遺族側と設置者側で各々推薦し、被推薦者を調査委員に選任するという方式もあり得ます。この場合でも、当然専門的知識・経験が要求されますし、中立性も要求されます。ただ、「遺族側推薦だから」「設置者側推薦だから」という理由だけで、中立性が害されるということはないと思います。

第5 | *mission* ③ 学校側や加害児童の責任を追及したい

1 民事裁判

（1）目的

ア　いじめの真相解明

　第三者委員会での調査の結果については、情報開示請求を行ったとしても、個人名などのプライバシー情報はマスキングされてしまうことが少なくありません。他方で、裁判手続の中で調査嘱託や文書提出命令申立を行えば、より加工の少ない原資料に近い資料を入手できる可能性があります。したがって、いじめのさらなる真相解明のために、民事裁判手続を利用することは十分考えられます。

イ　関係者への責任追及

また、第三者委員会での調査はあくまで再発防止のための調査であり、関係者の責任を問うものではありません。学校や教育委員会に不適切な対応がありこれを認めない場合には、民事訴訟手続の中でこれを明らか

委員会の公開

　法やガイドラインでは、第三者調査委員会を公開で行うとの明確な記載はありません。一般的に、公開で行うメリットとしては、公開されていることにより手続の適正が担保されるということになると思います。逆に公開で行うことのデメリットとしては、委員間の自由闊達な議論が阻害されたり、調査対象者のプライバシーに抵触するといったことが挙げられます。いずれを重視するかは、とても難しい問題だと思います。ただ、委員会が設置される根拠によっては、原則公開ということもあり得ます。たとえば、公立学校における自死の場合で、第三者調査委員会が自治体の実施機関の付属機関として設置されている場合は、情報公開条例によって、原則、会議が公開とされていることもあると思います。ですので、第三者調査委員会の設置根拠、および、条例を確認することは必須だと思います。

　また、仮に非公開とされた場合でも、第三者調査委員会・設置者の側で、可能な限り、会議の都度、会議の内容について、記者会見を開いたり、遺族への説明を行ったりすべきでしょう。

　いじめの重大事態に関する調査結果を公表するか否かは、特段の支障がなければ公表することが望ましいとされています。調査結果を公表する場合、公表の仕方及び公表内容を被害児童生徒・保護者と確認することともされています。2章の第3でも書きましたが、報告書が膨大であること等を理由として報告書の概要が公表されることも多いです。概要だけでは生徒・保護者が記載してほしいと思っていることが記載されないおそれもあります。児童・保護者は公表内容確認の際に、自分が反映させてほしい箇所については、きちんと意見を述べるようにしましょう。

にするほかないということも考えられます。

　なお、ネットいじめを含むいじめは教師や保護者の目が届かないところで行われることが大半であり、自死の直後にはいじめを裏付ける十分な資料が揃っていないことも多いと思われます。そのため、先述した真相解明を目的とする場合であっても、基本調査や第三者委員会による詳細調査

コ ラ ム

スポーツ振興センター

　いじめを原因として自死が行われた場合、学校の管理下で発生した事件に起因して生徒が死亡したとして、独立行政法人日本スポーツ振興センターより、災害共済給付金が支給されます（死亡見舞金、2019年3月31日以前の死亡については2800万円、それ以降は3000万円。なお、第三者から損害賠償を受けている場合は、供花料が支給されます。）。死亡見舞金の申請は、学校の設置者だけでなく、保護者も行うことができますが、一般的には保護者が学校の設置者に依頼して、学校の設置者が申請を行うことが多いようです（大抵の場合は、保護者が依頼すれば、設置者が申請を行います。）。もっとも、第三者調査委員会が設置されている場合は、第三者調査委員会の報告を待って、死亡見舞金の支給・不支給が決定されることになるようです（独立行政法人日本スポーツ振興センター災害共済給付の基準に関する規程）。なお、保護者が依頼しても学校の設置者が申請を行わないケースもあるようですので（47NEWS 2019年8月30日の報道による）、その場合は、保護者がスポーツ振興センターに申請を行うことになります。

　いじめ自死問題はお金の問題ではありません。とはいえ自死未遂で障害が残ってしまったケースや、また、死亡したこと自体に出費がかかる場合もあります。さらに、きちんと災害共済給付の申請を行うことで、スポーツ振興センター対して、適切な学校安全にかかる調査・研究、学校に対する支援を促すという効果もあります。災害共済給付金の申請をすることには、このような意義も大きいと筆者らは考えています。

を先行させ、その結果を踏まえて民事訴訟を提起するか否かの判断を行うことが望ましいというのが、著者らの基本的な考え方です。

(2) 論点

ア 法律構成

基本的には4章第2（P141〜）で述べたとおりです。加害児童の年齢、公立学校か私立学校かによって法律構成が異なるのでご注意ください。

イ 慰謝料、逸失利益

死亡について慰謝料を請求することが可能です。交通事故（死亡事故）事件における死亡慰謝料額を参考にして請求を行うのが通常です。通院慰謝料も発生するのであれば請求を行います。

自死事案では死亡による逸失利益を請求するのが通常です。これも交通事故（死亡事故）事件における死亡逸失利益を参考にして請求を行います。

ウ 因果関係、予見可能性

いじめ自死事件における因果関係、予見可能性判断の枠組みについては諸説ありますが、これらを整理した文献として「いじめ自殺訴訟における過失及び因果関係の各要件の内容と判断の枠組み」（橋本英史・判例時報2368号・3頁、2370号・3頁、2371号・3頁）が大変参考になります。以下では、上記文献の考え方をもとに、各要件について簡単に説明します。

（ア） 前提としての因果関係

自死の原因が失恋や家庭の事情にある等、加害児童や学校側から主張されることは少なくありません。そこで、自死について他の原因が存在しないこと、つまり、他原因との判別を行うための要件として、前提としての因果関係が必要となります。医療過誤事件ではありますが、ルンバール事件判決（最判昭和50年10月24日判夕328号132頁）は、「訴訟上の因果関係の立証は、一点の疑義も許されない自然科学的な証明ではなく、経験則に照らして全証拠を総合考慮し、特定の事実が特定の結果発生を招来した関係を是認しうる高度の蓋然性を証明することであり、その判定は、通常人が疑いを差し挟まない程度に真実性の核心を持ちうるものであることを必要とし、かつ、そ

れで足りるものである」と述べており参考になります。

　本事例では、学業や家庭環境に問題がある旨の記載はなく、加害児童や学校側が他原因について十分な主張立証を行わない限り、前提としての因果関係は肯定されるものと思われます。

（イ）　過失

　いじめ自死事案においては、加害児童や学校側から、自死の結果までは予見不可能であったとの主張がなされることが少なくありません。

　損害賠償義務が認められるためには、加害児童や学校側に過失が認められることが必要であり、過失の内容は、予見可能性を前提とした結果予見義務、結果回避義務違反とされています。加害児童や学校にとって予見不可能な結果についてまで責任を問うことはできないことから、予見可能性という概念を用いて、結果予見義務や結果回避義務の範囲を限定しているのです。

　そして、学説上も様々な考え方がありますが、予見の対象として結果については生命侵害（自死）の結果としつつ（生命侵害説）、近時のいじめ自死に関する報道の増加やいじめ防止法の制定等の事情を踏まえ、当該いじめ行為があれば生命侵害の結果は予見可能であると考える説（予見可能性緩和説）が一般的になりつつあるようです。

　本事案は、顔面にボールをぶつけるという暴力型のいじめと、それをSNSに投稿するというネットいじめが併存する事案です。加害児童の予見可能性については、上記いじめ行為の苛烈さを考慮すれば、いじめによる自死の危険がメディア等により周知されている近時の状況からしても、自死の結果について予見可能であったと判断できるでしょう。学校側の予見可能性については、本件いじめが教師に隠れて行われているため、当該いじめの兆候について、本人の申告や心のアンケート結果等、学校がどの程度把握していたか、把握することが可能であったかが争点となります。

（ウ）　責任成立要件としての因果関係

　先に検討した結果予見義務違反や結果回避義務違反が認められることを前提に、これら義務違反がなければ、被害児童の自死がなかっ

たといえるか否かが問題となります。

　本件では、加害児童によるいじめ行為や学校側によるいじめ防止措置をとらなかった不作為がなければ被害児童の自死の結果もなかったであろうことについて、高度の蓋然性が認められると評価可能です。したがって、責任成立要件としての因果関係も肯定される可能性が高いと思われます。

エ　過失相殺

（ア）　過失相殺の規定・趣旨

　過失相殺に関しては民法722条2項に「被害者に過失があったときは、裁判所は、これを考慮して、損害賠償の額を定めることができる」と規定されています。

　被害者に過失があった場合は、加害者が賠償するべき損害額を全額とせず、減額するのが公平の観念に適うということから規定されているものです。公平の観点から定められたものなので、加害者・被害者の過失の大小・違法行為の発生及び損害の拡大について与えた原因力の大小などの諸般の事情が考慮されて、損害額が定められます。

　条文上は「被害者」とされていますが、公平の観念より、判例では「被害者本人と身分上ないし生活関係上一体をなすとみられる関係に立つ者」の過失について、「被害者側の過失」として損害賠償額の減額を認めています。

（イ）　児童・生徒の自死と過失相殺（損害賠償額の減額）の特有性

　裁判例などでは、いじめ等により児童・生徒が自死した場合、自死には、児童・生徒自身の意思的行為が介在しており、児童・生徒の心因的要因が競合していると考えられています。また、児童・生徒が自死という行動を選択するに当たっては、学校での生活関係について児童・生徒の心身の安全に配慮すべき義務を負っている担任教諭等学校の対応のみならず、児童・生徒の一般的生活関係について児童・生徒を監護養育すべき義務を負っている保護者の対応も影響を与えていると考えられがちです。

（ウ）　児童・生徒の自死と過失相殺に関する裁判例と批判

裁判例では、損害の公平な分担という観点から、過失相殺（過失相殺の類推適用）により、損害賠償額を減額する例が多くみられます。

　ひどいいじめを受けているから学校に行きたくない等の訴えをせずに突然自死という最悪の解決方法を選択してしまったことについて、過失相殺ないしその類推適用に基づき、被害生徒自身について4割、被害生徒がいじめを受けていることをある程度知っていながら、被害生徒の心情を理解せずその窮状から救い出すための適切な措置をとることなく推移した家族の対応を考慮して3割、計7割の減額がされた事案（いわき市いじめ自死事件：福島地いわき支判平成2年12月26日 判タ746号116頁）

　なお、この裁判例に関しては、被害生徒が自ら死を選んだこと自体について4割もの責任を負担させるのは過大であるとか、加害児童のいじめをやめさせ抜本的ないじめ防止策をとりうるのは学校なのであるから、学校の責任を家族の過失と同じ3割とするのは妥当でない（学校の過失割合をもっと大きくすべきである）などの批判があります。

　自死は被害生徒の意思的行為でありその心因的要因が寄与していること、被害生徒はいじめを担任教諭にも両親にも打ち明けたことがなく、いじめに対する打開策がとられる機会を自ら閉ざした面があること、本件いじめ行為のうちの個々の行為には被害生徒の言動に触発されたり、誘発されて行われたものがあるなど、被害生徒自身にもその原因に関与している場合があったこと、被害生徒の保護者において日頃から親子のふれあいが十分でなく、被害生徒の監護養育について注意義務を怠った点があることを考慮して、過失相殺規定を適用及び類推適用して7割の減額をした事例（神奈川・津久井いじめ自死事件：東京高判平成14年1月31日判タ1084号）

　本件いじめ行為が時として複数の生徒により繰り返し執拗に行わ

れ、それを苦に被害生徒が自死したことに鑑みると、被害生徒に7割の過失ありとするのは過大だとの批判があります。

> 　比較的最近の事案では、大津事件（最判令和3年1月21日）があります。ここでは、被害生徒には、自らの意思で自死を選択したものである上、祖父母宅からの金銭窃取という違法行為により自らを逃げ場のない状態に追い込んだ点で、父母には、家庭環境を適切に整えることができず、被害生徒を精神的に支えられなかった点で、特に父においては、体罰や病気の可能性の不用意な告知により被害生徒の反発心や精神的動揺を招くなど、同居する監護親として期待される役割を適切に果たし得なかった点で、過失相殺の規定の適用及び類推適用され、4割が減額されました。
> （https://www.sn-hoki.co.jp/articles/article615634/）

2 刑事告訴

　自死事案で民事上名誉権侵害が問題となっている場合、名誉毀損罪（刑法230条1項）又は死者に対する名誉毀損罪（刑法230条2項）で刑事告訴することが考えられます。

　被害者が自死する前の投稿を犯罪として捉える場合、被害者の配偶者、直系の親族又は兄弟姉妹（刑事訴訟法231条2項）が通常の名誉毀損罪で刑事告訴することになります。

　他方、被害者が自死して以降の投稿を犯罪として捉える場合には、被害者の配偶者、直系の親族又は兄弟姉妹が死者に対する名誉毀損罪で刑事告訴することになるので、摘示された事実が虚偽であることが必要である点は注意を要します。

　いずれにせよ、ネットいじめにおいて殺人罪（刑法199条）や傷害致死罪（刑法205条）に該当すると判断されるケースは少ないと思われるため、被害児童の死の結果そのものについて刑事責任を問うことは困難と思われます。

あとがき

　「ゆく川の流れは絶えず、しかももとの水にあらず」。鴨長明「方丈記」の冒頭です。本著にはまさにその言葉が当てはまります。「はじめに」にもありますように、本著は、もともと、インターネットを通じた子どものいじめ問題について法的側面から対処するというコンセプトでスタートしました。コンセプト自体がブレることはありませんでしたが、法改正等により、執筆者らが想定していたようには進まないことがわかってきました。

　各執筆者の担当は、大まかに、学校等の対応、インターネットの対応、裁判等の対応に分かれていますが、その各々について諸々の変化がありました。学校等に関しては、いじめ防止対策推進法の改正が検討されていました。色々な理由で、結局改正されませんでしたが、改正されるかどうか、改正されたら本著にどう反映させるか、緊張感をもって見守っていました（見守っただけに終わりましたが）。

　インターネットについては、女子プロレスラーの木村花さんの事件で世論が高まったことから、プロバイダ責任制限法の改正がありました。大きな法改正があったため、ご担当の田中弁護士には大変なご苦労があったことと思われます。裁判等に関しては民法の債権法改正がありました。本著と関連するものは多くはありませんでしたが、多くない分、かえって関連する箇所をきちんと拾わなければならないというプレッシャーの下、担当の和泉弁護士は苦労されたと思います。

　もっとも、法改正（や法改正が検討されること）自体は悪いことではなく、社会がいじめ問題に対して関心を持っていることの証左であり、今後もいじめ問題ひいては人権問題への関心の高まりにより、法律の制定や改正が行われていくことでしょう。いじめ防止対策推進法改正も控えていることですし。そういう意味では、未だに、そしてこれからも、ネットいじめ問題は「ゆく川の流れは絶えず、しかももとの水にあらず」ということになるのでしょう。

法改正だけでなく、新型コロナ禍による影響もありました。執筆担当者と編集担当者が対面でやりとりしたのはコロナが話題になる前の1回しかなく、以後はすべてウェブによる打ち合わせでした。ウェブによる打ち合わせについては、場所を選ばないとか移動時間がかからないといった利点もありますが、対面でないと伝わらないもどかしさを感じたこともありました。コロナ禍により、生活が一変したという人もいるでしょうし、さらに、巣ごもり生活になったという人もいることでしょう。日常生活が新型コロナによって一変したということも、人の生活という「ゆく川」は「絶えず」続いているが、生活様式が一変したことは「もとの水にあらず」ということになるのでしょう。

　コロナ禍、及び、コロナ禍による生活様式の一変により、ネットの利用が増え、その結果ネットによるいじめが増えた、ということになっているのかどうかはわかりません。しかし、いずれにせよ、ネットいじめがあった際には、本書を参考にしていただければ幸いです（なお、学校のみに関する部分以外は、おとなのネットいじめでも応用可能です。）。

　本書が完成に近くなった段階で、編集者と執筆者による座談会も行われました。「ネットいじめ対応マニュアル」とあるように、本書はネットいじめの「対応」について書かれたもので、ネットいじめの「実際」については、本書でもある程度触れてはいますが、座談会の方では、執筆者の経験なども踏まえ、よりリアルに触れられています。

　座談会の指摘の中で興味深かった指摘もありました。ネットの発達により、リアルのいじめからネットいじめが増えてきたのですが、ネットいじめの形態も、始めは掲示板等でのいじめが多かったのが、今ではSNSでのいじめが多くなってきているということです。このことからすると、「ゆく川」であるいじめは現在も「絶えず」存在するのですが、リアルから掲示板、掲示板からSNSに移っていったという点で「もとの水にあらず」ということになりそうです。た

だ、SNSでのいじめは、座談会での指摘でもあるように、結局は学校のリアルな人間関係を前提としています。こういう点では、「ゆく川」は、実際には「もとの水」なのかもしれません。

　方丈記のせいで話が少し複雑になってきましたが、座談会では、執筆者が思っていることをざっくばらんに話せたと思っています。執筆者らがネットいじめを解決したいという共通の思いを抱いていても、着目している点は意外と異なっているということもわかりました。この点は、興味深かったです。座談会では、本書では書かれなかった、「対策」以外の、ネットいじめに関する悩ましい点やより突っ込んだ点も展開されています。

　例えば、「SNSのいじめと掲示板でのいじめの違い」「『いじめの端緒』を学校がどうつかむか」「現実的な人間関係からの情報がカギ」「ネットいじめに関する学校の義務の範囲とは」「いじめ書き込みの削除依頼を誰が行うのか」「被害者本人が気づいていないケースも」「最終的な解決目標を見据えることが重要」等、項目を見ただけで興味をそそられる（？）話題が満載です。是非ご一読をお勧めします（座談会は、季刊教育法2021年9月号に掲載されています。）。

　本書で書かれていることは、いじめ問題の一部です。あくまで、いじめが起こった時に、法的に、誰が、どのような対応ができるのか、について書かれているに過ぎません。なぜいじめが起こるのか、いじめが発生しないためにはどうすればよいのか、いじめが発生した際に教育的にはどのような対応をすべきなのか、いじめが発生した後の加害者、被害者、保護者、教員の心理的なケアをどのようにすべきか、これらの問題について学校、設置者、保護者、PTA、地域は、各々どうすべきなのか、についてはほとんど触れられていません。

　そのような意味で、本書は、「できる」ことは書いてあっても、「すべき」ことは書いていないと言えるのかもしれません。もし、また執筆の機会をいただけるのであれば、その道の専門家の方々ともコラボレーションさせていただい

て、いじめへの対応大全のようなものができるといいと思っています。また、私を含め本著の執筆者は、自死問題にも精通している弁護士です（手前味噌ですが）。ですので、ネットいじめにポイントを当てた本著のようなものとは違う、いじめ自死によって発生する法律問題に特化した著書を書いてみたいとも思っています。いじめ問題という「ゆく川」に対して、「流れ」ていく様々な「水」を書いていきたいというイメージでしょうか。

　突然の申し出にもかかわらず、本著のコンセプトに賛同いただき、出版の機会を与えてくださったエイデル研究所の山添さんには、いくら感謝してもし足りません。出版に関しては全くの素人である執筆者達は、プロからするとおかしなこと（ばかり）を言っていたと思われますが、きちんと向き合っていただいたおかげで、本著が出来上がったと思っています。

　また、著者の座談会では同じくエイデル研究所の大園さんにも司会を務めていただき、まことにお世話になりました。200頁近い著書にもかかわらず、全体をチェックしていただいた町田・さがみ総合法律事務所の弁護士・半田虎生先生にも心から謝意を表します。そういう意味では、本著は、多くの方々のおかげで成り立っているといえるのですが、もちろん、本著に関する責任はすべて各執筆者にあることは当然です。

　本著は、形式的なことにとどまらず、各執筆者が実際に事件に対応した際に悩んだ点や工夫した点についても、可能な限り踏み込んで書いています（もちろん、形式的なことについても書いています。）。本書がいじめ問題で困難を感じている方々のお役に立つことを願ってやみません。

2021年8月

新型コロナ禍により学校の夏休みが延長されるという報道を気にしつつ

あとがき担当執筆者　弁護士　細川　潔

事項索引

判例索引

東京高判	平成31年2月27日	ウエストロー2019WLJPCA02276012	90
大阪高判	令和元年5月24日	ウエストロー2019WLJPCA05246005	88,90

地方裁判所

東京地判	昭和39年9月28日	判タ385号12頁	64,108
和歌山地判	昭和48年8月10日	判時721号83頁	146
山形地判	昭和52年3月30日	判時873号83頁	147
静岡地判	昭和56年7月17日	ウエストロー1981WLJPCA07170004	186
東京地判	昭和62年6月15日	判時1243号54頁	68
東京地判	平成2年1月30日	判タ730号140頁	59
福島地いわき支判	平成2年12月26日	判タ746号116頁	198
東京地判	平成11年6月22日	判時1691号91頁、判タ1014号280頁	55,64,84,107
東京地決	平成17年1月31日	判タ1191号339頁	78
東京地判	平成17年9月27日	判時1917号101頁	69
東京地判	平成17年12月12日	ウエストロー2005WLJPCA12120005	59
東京地判	平成21年12月25日	ウエストロー2009WLJPCA12258030	56
東京地判	平成22年10月25日	ウエストロー2010WLJPCA10258005	56
東京地判	平成22年12月20日	ウエストロー2010WLJPCA12208003	70
東京地判	平成23年4月25日	ウエストロー2011WLJPCA 04258004	69
東京地判	平成24年9月4日	ウエストロー2012WLJPCA09048004	143
東京地判	平成25年6月21日	ウエストロー2013WLJPCA06218001	70,71,186
東京地判	平成25年7月17日	ウエストロー2013WLJPCA07178037	64
東京地判	平成25年8月2日	ウエストロー2013WLJPCA08022801	60
東京地判	平成26年7月17日	ウエストロー2014WLJPCA07178001	143
東京地判	平成26年7月25日	ウエストロー2014WLJPCA07158004	143
仙台地判	平成26年11月11日	判例秘書L06950548	143
東京地判	平成27年10月29日	ウエストロー2015WLJPCA10298023	66
東京地判	平成27年12月18日	ウエストロー2015WLJPCA12188013	65
東京地判	平成28年3月22日	ウエストロー2016WLJPCA03228026	118
東京地判	平成28年9月14日	判例秘書L07132024	61,180
東京地判	平成28年10月18日	判例秘書L07132435	61,118
東京地判	平成28年10月25日	ウエストロー2016WLJPCA10258001	58
東京地判	平成28年11月18日	判例秘書L07133040	61,180
東京地判	平成29年2月14日	判例秘書L07230833	61,180

横浜地川崎支判	平成29年4月27日	判例秘書L07250508	180
東京地判	平成29年5月29日	判例秘書L07231726	62,180
大阪地判	平成29年8月30日	ウエストロー2017WLJPCA08309007	67
東京地判	平成29年10月30日	ウエストロー2017WLJPCA10308015	55
東京地判	平成29年11月24日	ウエストロー2017WLJPCA11248009	61
東京地判	平成30年4月26日	判時2416号21頁	79
大阪地判	平成30年7月26日	ウエストロー2018WLJPCA07266004	89
東京地判	平成30年8月9日	ウエストロー2018WLJPCA08098013	67
東京地判	平成31年3月20日	ウエストロー2019WLJPCA03208020	68
福岡地判	令和元年9月26日	ウエストロー2019WLJPCA09269001	61
札幌地判	令和元年12月12日	ウエストロー2019WLJPCA1216001	88
大阪地堺支決	令和2年8月17日	ウエストロー2020WLJPCA08176002	58
東京地判	令和2年10月19日	ウエストロー2020WLJOCA10298029	61
東京地判	令和2年12月10日	ウエストロー2020WLJPCA12108023	58
東京地判	令和3年1月12日	ウエストロー2021WLJPCA01128005	62
東京地判	令和3年1月18日	ウエストローWLJPCA01188011	105
福岡地判	令和3年1月22日	ウエストロー2021WLJPCA1229003	64

知的財産高等裁判所

知財高判	平成22年6月29日	判例秘書L06520292	48
知財高判	平成25年9月25日	裁判所HP	57

弁護士による
ネットいじめ対応マニュアル
学校トラブルを中心に

2021年11月12日　初版第1刷発行

著者　　細川　潔／和泉貴士／田中健太郎

発行者　大塚孝喜
発行所　株式会社エイデル研究所
　　　　　〒102-0073　東京都千代田区九段北4-1-9
　　　　　TEL. 03-3234-4641
　　　　　FAX.03-3234-4644

ブックデザイン
　　　　　株式会社デザインコンビビア（大友淳史）

印刷所　大盛印刷株式会社